Cristo ressuscitado é nossa esperança

Dados Internacionais de Catalogação na Publicação (CIP)
(Câmara Brasileira do Livro, SP, Brasil)

Pagola, José Antonio
Cristo ressuscitado é nossa esperança / José Antonio Pagola ; tradução de Salmer Borges. – Petrópolis, RJ : Vozes, 2021.

Título original : Cristo resucitado es nuestra esperanza

ISBN 978-65-5713-085-8

1. Esperança – Aspectos religiosos – Igreja Católica
2. Jesus Cristo – Ressurreição I. Título.

20-35600 CDD-232.97

Índices para catálogo sistemático:

1. Jesus Cristo : Ressurreição : Cristianismo 232.97

Cibele Maria Dias – Bibliotecária – CRB-8/9427

José Antonio Pagola

Cristo ressuscitado é nossa esperança

Tradução de
Salmer Borges

Título do original em espanhol: *Cristo resucitado es nuestra esperanza*

Direitos de publicação em língua portuguesa – Brasil:
2021, Editora Vozes Ltda.
Rua Frei Luís, 100
25689-900 Petrópolis, RJ
www.vozes.com.br
Brasil

Editoração: Fernando Sergio Olivetti da Rocha
Diagramação: Sheilandre Desenv. Gráfico
Revisão gráfica: Jaqueline Moreira
Capa: Érico Lebedenco
Ilustração de capa: Sergio Ricciuto Conte

ISBN 978-65-5713-085-8 (Brasil)
ISBN 978-84-288-3043-0 (Espanha)

Editado conforme o novo acordo ortográfico.

Este livro foi composto e impresso pela Editora Vozes Ltda.

Sumário

Apresentação

Este trabalho faz parte de um projeto que visa a dinamizar paróquias e comunidades cristãs como uma resposta ao chamado do Papa Francisco, que nos convida a promover uma nova etapa de evangelização. Estas foram suas palavras: "Quero me dirigir aos fiéis cristãos para convidá-los a uma nova etapa de evangelização, marcada pela alegria de Jesus, e para indicar os caminhos que a Igreja deve seguir nos próximos anos"[1]. O objetivo específico deste projeto é ajudar as paróquias e as comunidades cristãs a promover, de maneira humilde, mas lúcida e responsável, um processo de renovação.

Depois de um livro dedicado a *recuperar o projeto de Jesus* e um segundo intitulado *Anunciar Deus como uma Boa-nova*, neste livro vou tratar de um tema crucial: "Cristo ressuscitado é a nossa esperança", cujos objetivos são reavivar o ânimo das comunidades cristãs e despertar a esperança, com frequência adormecidos.

Às vezes, esquecemos que foram o encontro com Jesus ressuscitado e sua presença viva nas primeiras comunidades que tornaram possível voltar a segui-lo. É o Ressuscitado quem chama a seus discípulos novamente, restaura o relacionamento com eles e define o caminho que devem seguir. A possibilidade de seguir o Jesus

---

1. PAPA FRANCISCO. *La alegría del Evangelio* [doravante EG, pelas suas primeiras palavras em latim: *Evangelii Gaudium*).

vivo ao longo da história começa, na verdade, com a ressurreição de Jesus. Hoje, não seguimos Jesus guiados por sua presença física, como os discípulos da Galileia, mas sustentados e encorajados pelo Espírito do Ressuscitado, que habita em nosso coração e atua em nossas comunidades.

O que ofereço neste novo trabalho? Antes de mais nada, devemos estar cientes de que "a hora da verdade" está chegando às nossas paróquias e às nossas comunidades. Assim intitulo o primeiro capítulo. O cristianismo, conforme vivido por alguns, não poderá subsistir por muito tempo. Ou nos abrimos internamente para a força do Ressuscitado, ou ele se extinguirá em algumas décadas. Da forma em que é vivida em algumas comunidades, a fé cristã não tem força suficiente para criar verdadeiros "discípulos" de Jesus nem "seguidores" que, identificados com seu projeto, trabalhem para abrir caminhos para o Reino de Deus. Frequentemente, conseguem apenas "seguidores" de uma religião; isto é, membros de uma instituição que cumprem mais ou menos o que é estabelecido. Para a Igreja, passar dessa situação para comunidades marcadas pelo contato vital com Jesus Cristo significa um "segundo nascimento", digno do primeiro, pois não se trata apenas de algumas reformas ou adaptações de caráter pastoral ou litúrgico, mas de uma transformação no que diz respeito à interiorização espiritual, gerada, sustentada e desenvolvida pela ação criativa do Ressuscitado.

Não podemos reduzir a ressurreição de Jesus a um evento ocorrido há pouco mais de dois mil anos. Devemos nos perguntar como podemos nos encontrar com Cristo Ressuscitado hoje e como e por que podemos experimentar a força e a criatividade que fluem do Espírito do Ressuscitado, que é sempre "doador da vida". No segundo capítulo, intitulado "Encontrarmo-nos com o Ressuscitado", abordamos, de maneira simples, algumas características da experiência dos primeiros discípulos, com o objetivo de sugerir caminhos humildes que nos incentivem a viver a paz, a alegria e o perdão que nos são oferecidos; acolher sua força revigorante; ressuscitar o que está morto em nós e nos comprometermos a lutar sempre pela vida onde outros matam ou, simplesmente, testemunhar sua ressurreição.

O terceiro capítulo é intitulado: "Cristo é nossa esperança". Depois de tomar consciência de que vivemos em uma sociedade carente de esperança, afirmo que nossa esperança tem um nome: Jesus Cristo, e que isso se baseia em um fato: sua ressurreição. Com Jesus Cristo ressuscitado, devemos aprender a acreditar no "Deus da esperança", no qual descobrimos o "futuro último" da história e aprendemos a construir a Igreja como uma "comunidade de esperança". Depois, delineio algumas características básicas da esperança cristã e sugiro algumas tarefas para os nossos dias, como abrir horizontes para a vida, criticar a absolutização do presente e introduzir o conteúdo humano no progresso. Termino dando algumas dicas para promover a criatividade da esperança cristã: diante de um "niilismo fatigado", confiança em Deus; diante do pragmatismo técnico-científico, defesa do ser humano; diante do individualismo, solidariedade; e, diante da indiferença, misericórdia.

O lugar privilegiado para viver nosso encontro com o Ressuscitado é, sem dúvida, a celebração da Eucaristia de domingo, o Dia do Senhor. O quarto capítulo, que intitulo "A Eucaristia, experiência de amor e justiça", será composto por três partes. Na primeira parte, tento mostrar como nossas ambiguidades e nossa mediocridade frustram a Eucaristia como um sacramento de amor e solidariedade fraternos. Na segunda parte, explico como e por que a Eucaristia, para ser celebrada com verdade, exige o compromisso da solidariedade fraterna e a luta pela justiça de Deus. Falo especificamente da Eucaristia como a ceia do Senhor, divisão do pão, ação de graças, memória do Crucificado e presença viva do Ressuscitado. Finalmente, na terceira parte, dou algumas sugestões específicas para viver a Eucaristia do domingo como uma fonte de justiça e amor nas paróquias e nas comunidades cristãs.

No quinto capítulo, intitulado "Orar com o Espírito do Senhor", pretendo apenas sugerir maneiras de recuperar ou melhorar nossa comunicação pessoal com Deus. Começo falando da oração como uma necessidade humana para mostrar como, no âmago do ser humano, abrem-se caminhos para a oração e o encontro com Deus: do grito dos necessitados à busca de Deus, da alegria de viver ao louvor, da reclamação à confiança, da culpa à acolhida do perdão e da desesperança à esperança. Depois, abordo a oração cristã, apontando algumas características básicas: invocar a Deus como Pai, dialogando com um Deus pessoal, com a confiança de filhos queridos e a responsabilidade de sentir todos como irmãos. Depois, falo da Oração do Pai-nosso, a única que Jesus deixou de herança a seus seguidores, mostrando a originalidade de seu conteúdo revolucionário. Termino dando algumas sugestões para recuperar o hábito da oração, nos casos em que foi praticamente abandonado, ou reavivá-lo, nos casos em que ficou reduzido à rotina e à mediocridade.

O sexto capítulo se intitula: "Fidelidade ao Espírito em tempos de renovação". Começo apontando as graves consequências de esquecermos a ação do Espírito em nossas comunidades. Em seguida, explico que o primeiro serviço do Espírito à Igreja é conduzi-la à obediência de Jesus Cristo como seu único Senhor. Depois, insisto na importância de estarmos atentos à ação do Espírito em toda a Igreja. Logo, apresento vários aspectos que temos que promover nas comunidades para responder ao impulso missionário do Espírito com fidelidade, confiança e ousadia. Depois, enfatizo a importância da entrega ao Espírito do Senhor, criador da comunhão e fonte de criatividade. Finalmente, reitero que uma Igreja ungida pelo Espírito de Jesus deve sempre estar voltada para os pobres e infelizes.

Terminaremos nossa caminhada com um capítulo que intitulei: "Esperar nossa ressurreição". Começo este último capítulo lembrando que somente se ressuscitarmos com Cristo entraremos para sempre no mistério incompreensível de Deus. Logo, evoco, de maneira simples, a comunhão amorosa com Deus, na qual encontraremos a plenitude de nossa vida. Em seguida, reitero que essa plenitude abrangerá todas as dimensões do nosso ser, incluindo a corporalidade. Depois, mostro como a comunhão amorosa com Deus se transformará em fonte de amor pleno e feliz entre todos os seus filhos. A seguir, lembro que esta vida eterna será vivida em um "novo céu e uma nova terra, onde a justiça habitará". Concluo apontando a importância de que nós, cristãos, aprendamos a experimentar já nesta terra a nossa felicidade eterna no céu.

Também neste trabalho, sugiro, no final de cada capítulo, alguns questionamentos ou perguntas para estimular a reflexão pastoral nas paróquias e nas comunidades cristãs (em pequenos grupos, nos conselhos pastorais ou entre os responsáveis e os animadores de diferentes áreas). Estou convencido de que podemos tomar medidas simples e eficazes para reavivar o ânimo e a esperança em nossas comunidades. Seria muito importante reafirmar e aumentar nossa fé na ação renovadora do Espírito do Ressuscitado entre todos aqueles que nos cercam. Ele pode transformar nosso coração e nossas paróquias. Essa é a minha convicção e o meu desejo.

1
A hora da verdade

1 A falta de vigor espiritual

A Igreja não possui o vigor espiritual necessário para cumprir adequadamente sua missão e enfrentar os desafios atuais. Sem dúvida, existem muitos fatores e causas, dentro e fora da Igreja, que podem explicar essa mediocridade espiritual como um fenômeno bastante generalizado em nossas paróquias e comunidades cristãs, mas talvez o motivo principal seja a ausência de contato vital com Jesus Cristo, o que pode ser observado em diversos setores da Igreja.

Muitos cristãos vivem sua religião corretamente dentro da grande instituição eclesial, cumprindo fielmente suas obrigações aprendidas desde a infância, nutridos pela tradição doutrinária e pela moral recebidas, mas sem conhecer a força de Jesus, o Cristo, quando vivida e seguida por seus discípulos a partir de um contato íntimo e vital. Normalmente, não são muitas as comunidades cristãs que conhecem as possibilidades que existem em seguir Jesus e ter contato vivo com o Ressuscitado. Não temos dúvidas da transformação que ocorreria hoje mesmo se a pessoa viva de Jesus e seu Evangelho estivessem no centro da vida de cada ser humano.

Jesus não é conhecido, não é amado, não é sentido nem seguido como era pelos seus primeiros seguidores. Às vezes, nem mesmo os responsáveis pelas igrejas diocesanas e pelas comunidades cristãs conhecem sua vida e seu projeto em sua originalidade fundamental. Muitos simplesmente o reconhecem e o adoram como Deus a partir de uma percepção doutrinária de seu mistério, algo fundamental e necessário, sem dúvida, mas também insuficiente nesses momentos. De fato, esse Jesus não seduz nem atrai. Ele não tem forças para nos tornar seus seguidores.

Provavelmente, a ausência de um contato mais vital com Jesus Cristo seja o maior obstáculo para promover a renovação que o Papa Francisco tem nos pedido. É significativo que, ao nos convidar para iniciar "uma nova etapa evangelizadora marcada pela alegria de Jesus Cristo", a primeira coisa que Francisco nos diga seja o seguinte: "Convido todos os cristãos, em qualquer situação em que esteja, a renovar seu encontro pessoal com Jesus Cristo ou, pelo menos, tomar a decisão de permitir que Ele os encontre e tentar todos os dias, sem descanso" (EG 3).

a) Cristãos por convicção

Muitos cristãos aceitam sem questionar a visão cristológica oferecida pela Igreja, mas não se sentem impelidos a buscar um conhecimento mais concreto de Jesus, mais vivo e mais fiel à memória que Ele nos deixou. Eles ouvem atentamente os pregadores, mas não se interessam em conhecer melhor o projeto do Reino de Deus concebido e promovido por Jesus: não fazem parte do horizonte de sua experiência religiosa colaborar nesse projeto nem se inspirar em seu Evangelho. Por outro lado, alimentam sua fé na prática habitual dos sacramentos, mas, muitas vezes, não vivem encorajados pela presença viva do Cristo ressuscitado em seu coração.

Para tomar mais consciência dessa situação, que pode passar despercebida, alguns dizem que a tragédia da nossa Igreja contemporânea é sua "fraqueza espiritual", uma vez que é formada principalmente por "cristãos por convicção". Assinalo alguns fatos mais significativos.

Não é exagero afirmar que não poucos cristãos vivem espontaneamente o que geralmente é chamado de "religião". Eles encontram, na Igreja, em suas doutrinas e em seus ritos, o clima sagrado que todas as religiões cultivam para alimentar as necessidades religiosas de seus membros. Veem Deus em Jesus, imaginado e vivido de acordo com um universo mental configurado pela tradição doutrinária que receberam, mas que, frequentemente, está longe daquele Jesus com o qual os primeiros discípulos conviveram e com o qual se encontraram cheio de vida depois de sua ressurreição. É verdade que o nome de Jesus é repetido infinitas vezes, mas não para conhecê-lo melhor nem para torná-lo presente de uma maneira mais real, viva e concreta na comunidade cristã, mas apenas para tê-lo como base e pressuposição de um cristianismo convencional que configura praticamente tudo com base no que está estabelecido[2].

De fato, o relacionamento entre esses cristãos e Jesus Cristo é, acima de tudo, uma consequência de uma doutrina aprendida, e não o resultado de um encontro autêntico com Ele. Não cresce do amor a alguém específico que é descoberto cada vez com mais profundidade e paixão, penetrando espiritualmente na memória deixada por Ele em seus primeiros seguidores; nem nasce da experiência interior do Ressuscitado que encoraja a comunidade. A ideia que esses cristãos fazem da presença e da ação de Cristo em suas vidas

2. LÉGAUT, M. "Convertirse en discípulo". In: *Cuadernos de la Diáspora*, 02/11/1994, p. 15-78.

está ligada à doutrina da graça e à recepção dos sacramentos. É uma presença pensada, mais do que vivida; é uma doutrina, e não uma experiência mística. Em muitos deles, Jesus Cristo tem o poder de uma "força-ideia" que resume todo o cristianismo, tal como chegou até nós, mas não é o Mestre amado nem o Profeta querido seguido pelos primeiros discípulos, nem o Cristo ressuscitado que inundava as primeiras comunidades de paz, alegria e estímulo.

Praticada dessa maneira, a religião cristã não cria "discípulos" que vivem aprendendo com seu Mestre e Senhor Jesus, e sim apenas adeptos a uma religião; não gera "seguidores" que, identificados com seu projeto, abrem-se para o Reino de Deus, e sim membros de uma instituição que cumpre fielmente o que é estabelecido; não leva a internalizar as atitudes essenciais de Jesus para seguir seu caminho de fidelidade ao Pai, e sim o leva a observar fielmente as obrigações religiosas. É verdade que continuamos falando de "seguir o exemplo de Jesus", "imitá-lo" e "pedir sua ajuda", mas o importante e decisivo não é viver em Cristo, nosso Mestre e Senhor, reproduzindo sua vida e atualizando seu projeto. A insistência na adesão doutrinária, nos apelos à ordem moral e na exortação à prática religiosa têm praticamente ocupado todo o espaço vital dos cristãos ao longo dos anos[3]. Condicionados a viver sua fé dessa maneira, muitos cristãos se entregam com generosidade admirável à tarefa de cumprir suas obrigações, esforçando-se para fazê-las de maneira cada vez mais perfeita. No entanto, correm o risco de nunca conhe-

---

3. Quando o seguimento fiel de Jesus Cristo não ocupa realmente o centro da Igreja existe o risco de que as energias religiosas sejam desviadas para devoções, práticas e esforços de perfeição alheios à experiência de seguir com realismo os passos de Jesus narrados no Evangelho (adoração perpétua ao Santíssimo, consagração ao Sagrado Coração, entronização de sua imagem etc.).

cer a experiência mais original, prazerosa e transformadora que é o encontro com Jesus Cristo.

b) Mediocridade espiritual

Tudo o que temos dito favorece o desenvolvimento da mediocridade espiritual como um fenômeno generalizado na Igreja nos dias de hoje. Essa mediocridade não se deve apenas à fraqueza ou à negligência de pessoas ou setores específicos (bispos, pastores, teólogos, catequistas, famílias...). Acima de tudo, é o resultado de um ambiente que todos nós estamos criando que favorece uma maneira empobrecida de entender e viver nossa aceitação de Jesus Cristo.

Frequentemente, nosso trabalho pastoral é desenvolvido de tal forma que tende a estruturar a fé dos cristãos a partir da aceitação de crenças, do acatamento de padrões de comportamento e do cumprimento fiel de uma liturgia sacramental, e não da experiência do encontro pessoal com Jesus, o Filho amado de Deus encarnado entre nós. Mas isso não é suficiente para despertar a aceitação mística de Jesus Cristo nem uma conexão apropriada dos discípulos e seguidores em nossas comunidades.

Essa falta de vínculo pessoal favorece um estilo de comunidade cristã marcado por diferentes serviços e atividades, mas onde Jesus Cristo está ausente. Pregamos coisas sobre Ele e o adoramos em nossas celebrações, mas não conseguimos viver "com os olhos fixos em Jesus, aquele que inicia e consume nossa fé" (Hb 12,2).

É difícil evitar o sentimento de que, no nosso modo de entender e viver a fé cristã, esconde-se uma grave deficiência. Uma infidelidade de características pouco precisas que não é fácil de descrever, mas que existe, na raiz de quase tudo, e impede um acompanhamento mais fiel de Jesus. O que vivemos hoje não é a mesma experiência de salvação vivida pelos primeiros que encontraram Jesus e que, posteriormente, foram afetados pela presença transformadora do Ressuscitado. Entre nós, existe uma falta de união mística com Cristo. Faltam seguidores de Jesus, faltam testemunhas do Ressuscitado.

2 A necessidade de uma mudança decisiva

Apesar desse resfriamento do contato vital com Jesus Cristo, a Igreja permaneceu fiel a Ele naquilo que é mais essencial e pôde encontrá-lo novamente graças ao fato de que sempre houve cristãos – homens e mulheres – que o encontraram, acolheram-no em seu coração, reconheceram-no como seu único Mestre e Senhor, seguiram-no com paixão e contribuíram para colocá-lo no lugar central que Ele sempre deve ter na Igreja e nas comunidades cristãs.

Como nos primeiros discípulos, também se pode dizer que esses são "testemunhas" de Jesus que, cheios de seu Espírito, fazem a Igreja "nascer" como o corpo vivo de Cristo, que deve ser recriado em todas as épocas para cumprir fielmente sua missão. É disso que precisamos hoje: "cristãos por convicção" que se tornem "discípulos", isto é, testemunhas de Jesus que introduzam seu Espírito na Igreja, seguidores fiéis que contribuam com sua vida e sua palavra para despertar a conversão da Igreja a Jesus Cristo.

a) A hora da verdade

A hora da verdade está chegando para o nosso cristianismo. Ou deixamos de ser simplesmente adeptos de uma religião e nos tornamos seguidores de Jesus Cristo, ou nosso cristianismo corre o risco de desaparecer. Para ser cristãos, deveremos ter uma experiência cada vez mais próxima de Cristo e nos identificarmos cada vez mais com seu projeto. Algo que, por assim dizer, não parecia tão necessário na chamada "sociedade do cristianismo". No entanto, nos próximos anos será preciso que nos convençamos profundamente da necessidade da aceitação pessoal de Jesus, atitude típica de discípulos vitalmente unidos a Ele. Caso contrário, a maneira como muitos cristãos vivem sua religião hoje não subsistirá por muito tempo em uma sociedade que despreza tudo aquilo que é religioso e contesta qualquer concepção sobre o significado primordial da existência.

O Papa Francisco nos alerta que hoje nós, cristãos, também vivemos sob "os riscos do mundo atual, com sua múltipla e avassaladora oferta de consumo, com uma tristeza individualista que brota do coração acomodado e ganancioso, da busca doentia por prazeres superficiais e da consciência isolada. Quando o ser humano se preocupa apenas com seus próprios interesses, não há mais espaço para os outros, a voz de Deus não é mais ouvida, a doce alegria de seu amor não é mais desfrutada, o entusiasmo por fazer o bem não existe mais. Os cristãos também correm esse risco verdadeiro e permanente". O papa conclui de forma enfática: "Essa não deve ser a opção de um ser humano digno, esse não é o desejo de Deus para nós, essa não é a vida no Espírito que nasce do coração do Cristo ressuscitado" (EG 2).

Talvez, o mais grave seja que na Igreja existam setores importantes que não se sentem atraídos por Jesus com a força suficiente para se deixar levar por Ele. Por outro lado, existem cristãos em cuja prática religiosa não buscam um relacionamento mais vital com Jesus; que permanecem alheios ao seu projeto; que conhecem apenas as obrigações que devem cumprir, mas não a experiência de se encontrar com Cristo ressuscitado; que instintivamente buscam segurança e vivem se alimentando apenas do que encontram ao seu alcance para nutrir suas necessidades religiosas. Portanto, dessa forma, não será fácil promover essa renovação cada vez mais necessária na Igreja.

O espírito do Ressuscitado está nos chamando. Precisamos ser recriados por sua força e não nos contentarmos em continuar estagnados nos comportamentos e nas palavras convencionais usuais. Precisamos dele para não viver somente de crenças, muitas vezes desgastadas e deturpadas pelo uso que foi feito delas durante séculos de cristianismo. Precisamos dele para entender melhor o que era essencial nas comunidades que formaram os primeiros discípulos que se encontraram com Jesus e para aprender a viver na Igreja de hoje mais abertos ao seu Espírito: mais identificados com seu projeto, menos dependentes de um passado nem sempre fiel, menos sujeitos às submissões e aos desvios do presente e mais atentos aos caminhos que o Ressuscitado continuará nos oferecendo no futuro.

b) Um novo nascimento da Igreja

A transformação de comunidades formadas principalmente por "adeptos" para comunidades marcadas pelo contato vital com Jesus Cristo significaria hoje para a Igreja um "segundo nascimento" digno do primeiro. Não devemos esquecer que estamos falando de uma transformação que deve ocorrer em termos de interiorização espiritual, não simplesmente de reformas ou adaptações de natureza pastoral, catequética ou litúrgica. Uma transformação gerada, sustentada e desenvolvida pela presença viva de Jesus, nosso Senhor ressuscitado, no coração e nos grupos cristãos. "Trata-se de nos tornarmos discípulos, assim como aqueles que seguiram Jesus"[4].

A Igreja sempre caminha limitada pela história que viveu no passado. Hoje, ela enfrenta seu futuro, moldada por decisões e ações que muitas vezes a levaram a viver o melhor e o mais autêntico do Evangelho, mas outras a levaram à mediocridade e ao esquecimen-

---

4. LÉGAUT, M. "Convertirse en discípulo". Art. cit., p. 26.

to de sua própria origem. Somente o espírito de Jesus Cristo pode devolver à Igreja sua verdade mais genuína. Somente sua força ressuscitadora, fielmente acolhida nas comunidades cristãs, pode reavivar o melhor que há na Igreja: seu instinto de seguir a Jesus de perto. Apenas o Filho de Deus encarnado em Jesus pode tirar a Igreja da mediocridade em que vive atualmente. Só Ele pode levá-la para além dos limites estabelecidos pelas leis, pelas normas e pelos costumes herdados do passado. Só Ele pode levá-la para além do que foi estabelecido pelas tradições.

Às vezes, cultiva-se entre nós a ideia mais ou menos tácita de que a Igreja Católica, tal como chegou a nós, é uma instituição construída e terminada para sempre, onde tudo já está decidido para os próximos séculos. Supõe-se, sem quaisquer análises nem considerações, que houve um período, por assim dizer, sagrado e decisivo, que durou alguns séculos, nos quais praticamente tudo foi decidido definitivamente e para sempre. Agora estaríamos em outro período em que as próximas gerações de cristãos só podem repetir essa concepção de Igreja e esse estilo de cristianismo. Houve alguns séculos de "gênese da Igreja", mas terminaram. Agora só é possível fazer algumas adaptações[5].

Sem dúvida, todos nós devemos construir a Igreja sobre o fundamento que nos foi dado, que é Jesus Cristo: "Ninguém pode pôr outro fundamento além do que já está posto, o qual é Jesus Cristo" (1Cor 3,11). Ninguém tem o direito de modificar o que pertence à estrutura essencial da Igreja. Mas, após o nascimento da Igreja Apostólica, a partir do "fato fundador", que é Jesus Cristo, não existe um período privilegiado de séculos na história posterior da Igreja, de

5. THEOBALD, C. *Le christianisme comme style* – Une manière de faire la théologie en postmodernité I. Paris: Cerf, 2008, p. 173-177.

natureza fundacional, em que se defina uma concepção de Igreja que deve ser seguida em todos os tempos e por todas as culturas[6]. Se fosse o caso, estaríamos impedindo que Cristo continuasse gerando seguidores na cultura própria dos próximos séculos; estaríamos dificultando que as futuras gerações cristãs cumprissem, com sua própria responsabilidade criativa, a tarefa confiada por Jesus de "fazer com que todas as pessoas se tornem discípulos" (Mt 28,19).

Devemos conceber a Igreja como uma realidade viva, em "gênese permanente", a partir do Cristo ressuscitado, seu princípio e fonte de vida. Sua tarefa primordial não é ser fiel a uma concepção ou a um estilo de cristianismo desenvolvidos em outros tempos. O que deve nos preocupar não é manter o passado intacto, e sim possibilitar o nascimento de uma Igreja e comunidades capazes de reproduzir fielmente a presença do Jesus Cristo ressuscitadora, atualizando seu projeto do Reino de Deus na sociedade contemporânea.

Esta é a nossa primeira tarefa hoje: tornar possível a recepção de Jesus em nossos dias, sem ocultá-lo ou obscurecê-lo com as nossas tradições humanas; possibilitar o acolhimento de Jesus pelos homens e pelas mulheres do nosso tempo; atrair a atenção para seu Evangelho a partir dos questionamentos, das contradições e dos vazios da sociedade atual. Esse é o critério principal para discernir o que devemos assumir, o que temos que modificar e o que temos que abandonar do passado. Não devemos imaginar a ação evangelizadora como "uma adaptação do passado de acordo com uma nova situação", e sim como "uma criatividade responsável" que, naturalmente, leve em conta a Igreja que nos precedeu em outras culturas do passado, mas apenas para tornar possível o nascimento de uma

---

6. Por isso, Karl Rahner pôde escrever a obra tão lúcida e necessária *Cambio Estrutural de la Iglesia*. Madri: Cristiandad, 1974 [nova ed.: Madri: PPC, 2014].

Igreja capaz de colocar Jesus e seu Evangelho em contato com os homens e as mulheres de hoje[7].

c) Viver no Cristo ressuscitado

Segundo os relatos evangélicos, após a morte de Jesus, é a ressurreição que torna novamente possível o encontro dos discípulos com Ele. São os encontros com o Ressuscitado e sua presença viva no meio deles que tornam o seguimento possível novamente. Mais uma vez, Jesus irá diante de seus discípulos para a Galileia. "Assim como havia feito em sua vida terrena, Jesus precede, chama, restaura o relacionamento, define o caminho dos discípulos, cria a possibilidade de um seguimento verdadeiro"[8].

O caminho de Jesus não termina na morte. Se tivesse sido assim, sua vida só nos serviria como um modelo a seguir ou um projeto ético que poderia inspirar nossas ações, mas nada além disso. No entanto, na ressurreição, descobrimos que a morte de Jesus não foi seu final. Jesus retorna ao Pai e permanece vivo na história. Sua ressurreição causa uma reviravolta radical, porque torna o nosso encontro com Ele possível. É por isso que devemos dizer que seguir Jesus não é viver exatamente como ele, como se pode fazer com homens importantes do passado. A possibilidade de seguir Jesus vivo no decorrer da história realmente começa, no sentido pleno, a partir da ressurreição de Jesus. Agora, a história de todos os homens e de todas as mulheres pode ser integrada ao movimento de Jesus, que retorna à vida definitiva do Pai.

---

7. O termo "*paradosis*" (tradição) indica, nas cartas de Paulo, a "entrega" do "Evangelho" à criatividade e à responsabilidade daqueles que o recebem (1Ts 2,9-10; 1Cor 15,1).
8. PALACIO, C. *Jesus Cristo* – Historia e interpretación. Madri: Cristiandad, 1982, p. 11.

Para expressar essa conexão atual dos seguidores de Jesus a Cristo ressuscitado, uma nova linguagem começa a ser usada nas comunidades cristãs. São Paulo não fala mais de "seguir" Jesus. Agora, sua atenção se concentra na vida nova do Ressuscitado, que deve permear e transformar nossa existência. É por isso que ele começa a usar expressões especiais, tais como "viver em Cristo" ou "viver com Cristo". Agora, Cristo é um espaço de salvação, uma fonte de vida nova, a nova condição na qual o cristão vive, inspirado pelo seu Espírito.

Viver em Cristo ressuscitado é viver inspirado pelo seu Espírito, viver segundo seu Espírito. "Quem não tem o Espírito não pertence a Cristo" (Rm 8,9). É o Espírito do Ressuscitado que torna possível a existência cristã. Seguir Jesus não é simplesmente imitar um líder do passado ou se inspirar na sua herança. É algo que brota de nossa experiência interior de uma "sabedoria oculta vinda de Deus" (1Cor 1,30) que revela seu filho em nós (Gl 1,16). Esse Espírito "derramado em nosso coração" (Rm 5,5) desperta nossa obediência a Jesus Cristo, liberta-nos de ser o centro de nossa vida e internaliza em nós as atitudes que Jesus viveu, nosso único Mestre e Senhor.

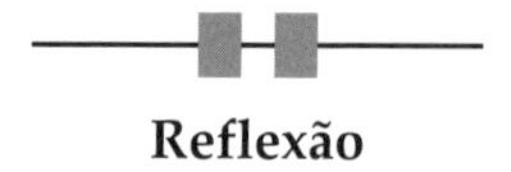

Reflexão

1) Na nossa paróquia ou na nossa comunidade, estamos envolvidos em algum projeto de renovação? Estamos promovendo alguma ação com base em algum projeto para o futuro? (criação de uma comissão que se responsabilize pelo futuro, retiros de estudo da paróquia com os mais esclarecidos, grupos de Jesus...).

2) Contamos com pessoas para promover um processo de renovação na nossa paróquia ou na nossa comunidade cristã? Que medidas concretas podemos tomar para nos conscientizarmos e iniciarmos a renovação da paróquia?

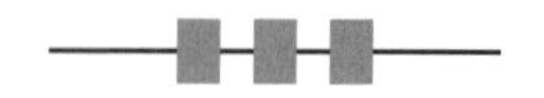

2
Encontrarmo-nos com o Ressuscitado

Para muitos cristãos, a ressurreição de Jesus se reduz a um fato do passado. Algo que aconteceu com Jesus há mais de dois mil anos. Um acontecimento distante e inacessível, de importância decisiva para a fé em Jesus Cristo, mas que não sabemos como viver hoje por meio da nossa própria experiência.

Condicionados por uma cultura que valoriza predominantemente os "fenômenos observáveis", temos dificuldade para nos sintonizarmos com o que não podemos reduzir a "dados controláveis". Então nos relacionamos com a ressurreição de Jesus mantendo certa distância. Falamos da sepultura vazia, das aparições do Ressuscitado ou do testemunho dos discípulos, mas não conseguimos viver a experiência de nos encontrarmos com o Ressuscitado, que nos diz: "Eu sou o que vive. Estava morto, mas agora estou vivo para todo o sempre" (Ap 1,17-18).

Naturalmente, a ressurreição de Jesus, como um acontecimento que permeia toda sua vida plena para além da morte, é incompreensível e inacessível para aqueles que ainda estão neste mundo, tanto para nós quanto para os primeiros discípulos. Não podemos controlar ou verificar a ressurreição de Jesus, apenas aceitá-la com alegria e fé. No entanto, os primeiros cristãos viveram experiências concretas que os levaram a afirmar que "encontraram-se" com Jesus cheio de vida após a sua morte. O Ressuscitado se tornou presente em suas vidas. Será que é possível viver hoje parte do que eles viveram? Com quais experiências podemos contar para nos encontrarmos com o Jesus ressuscitado?

Sem dúvida, há algo único e irrepetível na experiência daqueles primeiros homens e mulheres que se encontraram com o Ressuscitado. E a experiência deles dá início à Igreja de Jesus. Pelo contrário, o que nós podemos viver está sempre dentro dessa Igreja nascida da experiência fundante e baseada no testemunho dos primeiros que a vivenciaram. Por outro lado, os discípulos reconhecem no Ressuscitado aquele Jesus que haviam conhecido na Galileia. Em nós, pelo contrário, só pode despertar a aceitação ao Cristo que conhecemos por meio do testemunho dos apóstolos e da tradição mantida na Igreja.

Mas, uma vez dito isso, temos que afirmar que a experiência dos primeiros discípulos não difere essencialmente da nossa, pois todos nós devemos agir inspirados pela fé. O ponto de partida é diferente, assim como o contexto de vida, mas o acesso ao Cristo ressuscitado é, em ambos os casos, um processo de fé. Por isso, E. Schillebeeckx afirma que "não existe muita diferença entre a maneira pela qual nós podemos alcançar a fé no crucificado ressuscitado, após a morte de Jesus, e a maneira como os discípulos de Jesus alcançaram essa mesma fé". Por isso é legítimo tentar responder às seguintes perguntas: Como podemos viver hoje o reencontro com o Cristo ressuscitado? Como e quando podemos experimentar a força e a vida que nascem da ressurreição de Jesus?

Sem dúvida, existem muitas experiências que, complementando-se e apoiando-se mutuamente, podem nos levar a ter uma fé viva no Ressuscitado. Aqui nos limitaremos a lembrar algumas das características da experiência vivida pelos primeiros discípulos para sugerir alguns caminhos que também nos permitam viver nossa própria experiência de encontro com Jesus ressuscitado.

1 Encontro pessoal com o Ressuscitado

a) O núcleo da experiência dos primeiros discípulos

Os discípulos descrevem de diferentes maneiras a experiência que viveram e recorrem a diferentes procedimentos literários para tentar explicar o que aconteceu. Mas o núcleo é sempre o mesmo: o encontro pessoal com Jesus, cheio de vida após sua morte. A fórmula que usam com mais frequência sugere que Jesus "deixa-se ver". Esse Jesus, que permaneceu escondido atrás do mistério incompreensível da morte, encontra os seus novamente. O morto se faz presente e se impõe cheio de vida. Esta é a experiência fundamental: Jesus vive e está com eles novamente. Todo o resto tem uma importância secundária. O importante é que recuperem Jesus novamente como alguém que vive e se comunica com eles.

Esse encontro desperta diversas reações e memórias neles. Os discípulos se reencontram com quem os chamou, sustentou-os quando o seguiam, consolou-o com as Boas-novas de Deus, mas, no momento de sua prisão e execução na cruz, abandonaram-no: Como os tratará agora, após tanta covardia? As mulheres redescobrem quem as acolheu em sua companhia, que defendeu sua dignidade e ofereceu sua amizade: Como Ele as olhará agora, que o procuraram mesmo após a sua morte? Os familiares se encontram com aquele que os havia estarrecido ao abandonar sua casa para se dedicar à sua atividade profética: Como tratará sua família de sangue agora?

Todos voltam a se encontrar com Ele como "uma nova possibilidade de vida" (E. Schillebeeckx). O Ressuscitado oferece a eles a possibilidade de iniciar uma nova forma de existência. De fato, eles experimentam o encontro com o Ressuscitado como um acontecimento que lhes oferece alegria, paz, perdão, salvação, libertação e renovação. É claro que a experiência que vivem não acontece por meios doutrinários, isto é, por meio da descoberta de uma mensagem ou uma doutrina. Também não acontece como resultado de um processo de autoconvencimento. O determinante é a experiência de um encontro com a pessoa de Jesus após ser crucificado. Para falar de sua própria experiência, Paulo de Tarso diz que "ele foi alcançado por Cristo Jesus" (Fl 3,12).

A história dos discípulos de Emaús é significativa (Lc 24,13-35). Segundo o narrador, esses dois discípulos aparentemente têm tudo o que precisam para ter fé em Jesus Cristo: conhecem as Escrituras do Antigo Testamento, seguem Jesus pelos caminhos da Galileia, ouvem as Boas-novas de Deus, e o testemunho de algumas mulheres que afirmavam que o haviam visto vivo após sua morte também chegou a eles. Tudo é inútil. O que lhes falta? Simplesmente a experiência de seu encontro com o Ressuscitado. Somente então seu coração arderá e se abrirá para a fé.

b) O determinante na nossa experiência

O determinante para nós também é nos permitirmos ser tocados pela pessoa de Cristo. Encontrarmo-nos não com algo, mas com alguém. Quando falam do Ressuscitado, os primeiros cristãos não se referem a um personagem do passado, mas a alguém vivo que anima, vivifica, sustenta e encoraja com seu espírito a comunidade de fiéis: "Eis que eu estou convosco todos os dias, até a consumação dos séculos" (Mt 28,20). Essa fé no Ressuscitado, vivo entre aqueles que acreditam nele, tem consequências que devemos relembrar.

Movidos pela ressurreição de Jesus, os primeiros cristãos começam a relembrar suas palavras, mas não as ouvem como se fossem o testemunho de um mestre do passado, já morto para sempre, mas como as palavras de seu Mestre Jesus, que está vivo e continua falando com eles por meio das testemunhas que o conheceram pelos caminhos da Galileia e que agora atualizam sua mensagem movidos pela força do seu Espírito. Assim nasceu um gênero literário desconhecido até então: o Evangelho.

Nas primeiras comunidades, a mensagem de Jesus é vivida como uma Boa-nova de salvação, e as testemunhas que a anunciam estão convencidas de que é a mensagem do Ressuscitado, que continua falando aos novos discípulos e seguidores que vão surgindo. São palavras de quem está vivo na comunidade cristã. Palavras que os fiéis aceitam como "espírito e vida" (Jo 6,63) e que transmitem a alegria e a paz do Ressuscitado: "Tenho-vos dito essas palavras para que a minha alegria permaneça em vós" (Jo 15,11), "Eu lhes disse essas coisas para que em mim tenham paz" (Jo 16,33).

Se nós quisermos viver a experiência dos primeiros fiéis, precisaremos aprender a ouvir o Evangelho como a "Palavra do Ressuscitado". Essas palavras não foram ditas por um líder já falecido e contêm uma mensagem que ainda vale a pena lembrar nos dias de hoje. São palavras que nascem de Jesus e comunicam seu espírito e sua vida. O importante não é ouvir aqueles que nos falam da mensagem cristã, mas ouvir aquele que fala aos nossos corações: "Eis que estou à porta e bato, se alguém ouvir a minha voz e abrir a porta, entrarei em sua casa" (Ap 3,20).

Mas os evangelhos não reúnem apenas as palavras de Jesus. Também reúnem seus feitos e sua vida. E não redigem o Evangelho para narrar a biografia de um personagem já morto ou para traçar o retrato histórico ou psicológico de Jesus. O que lhes interessa é revelar a presença do Espírito vivificante de Jesus. No relato de Belém, o anjo de Deus anuncia desde o início "uma *grande alegria* para todo o povo: nasceu hoje, na cidade de Davi, o Salvador, que é o *Cristo Senhor*" (Lc 2,11), e cantam *a paz para todos os homens* a quem Deus tanto ama. Esses dois títulos, de "Cristo" e "Senhor", são os que as primeiras comunidades atribuem ao Ressuscitado, e essa "grande alegria" e essa "paz" são o que os discípulos experimentaram quando o encontraram cheio de vida depois da crucificação.

A ressurreição dá uma realidade permanente à vida histórica de Jesus. A atividade salvadora de Jesus não terminou com sua morte: aquele que perdoava os pecadores hoje continua nos perdoando. Aquele que curava doenças e aliviava o sofrimento continua nos curando. Aquele que convidava para que o seguissem continua nos convidando. Aquele que se aproximava dos pobres hoje está entre os pequenos e necessitados, questionando nossa vida. Jesus não é algo terminado. Ele está vivo, e sua história continua sendo escrita em nós e conosco.

É por isso que precisamos ouvir o chamado do Papa Francisco: "Não fujamos da ressurreição de Jesus, nunca nos declaremos mortos, aconteça o que acontecer. Nada pode mais do que a vida dele, que nos impulsiona!" (EG 3). Para isso, uma de nossas tarefas mais cruciais nas paróquias e nas comunidades cristãs deve ser passar de um Jesus percebido como um personagem do passado a um Cristo vivo e atual, presente em nossas vidas. O mais importante não é saber se Jesus, há mais de dois mil anos, curou os cegos, limpou os leprosos, fez os paralíticos andarem, ressuscitou os mortos, mas saber que hoje Ele pode iluminar nossos caminhos e nossa vida, purificar nossa existência, tornarmo-nos mais humanos, ressuscitar o que está morto em nós. Encontramo-nos com o Cristo ressuscitado quando descobrimos que hoje continua sendo um "Espírito vivificante" para nós (1Cor 15,45) e quando, de alguma forma, também podemos viver a experiência de Paulo: "E vivo, não mais eu, mas Cristo vive em mim" (Gl 2,20).

Sabemos que Jesus foi executado em uma cruz e acreditamos que Deus o criou. Mas onde podemos "vê-lo"? Os evangelhos reúnem um relato muito importante que nos fala das mulheres que, no dia seguinte à morte de Jesus, na madrugada de sábado, vão ao sepulcro para embalsamar seu corpo. De acordo com Mc 16,1-7, quando chegam ao túmulo onde Jesus foi sepultado, encontram-no vazio. O anjo de Deus lhes diz estas palavras: "Procuram o Jesus de Nazaré, o crucificado? Não está aqui. Olhem o lugar onde o colocaram". É um erro procurar o Crucificado no mundo da morte. Jesus não é um morto entre tantos outros. Ele está vivo para sempre. Temos que registrar estas palavras em nosso coração: o Crucificado vive. Deus o ressuscitou. Onde podemos vê-lo?

O anjo diz a elas: "Ele vai na frente de vocês para a Galileia. Lá o verão". Nós, cristãos, devemos "voltar para a Galileia" e refazer o caminho que os primeiros discípulos fizeram. Não temos Jesus fisicamente conosco, mas o Ressuscitado "está diante de nós". Os relatos do Evangelho nos ajudarão a "vê-lo". Sua presença invisível adquirirá traços humanos quando lermos seus gestos e conhecermos seus feitos. Sua presença silenciosa se tornará uma voz clara ao escutarmos seu chamado e suas palavras libertadoras. Por que devemos voltar para a Galileia?

Na Galileia, as Boas-novas de Jesus foram ouvidas pela primeira vez, apoiados pelos relatos evangélicos, também podemos ouvir o Ressuscitado e suas Boas-novas. Na Galileia, Jesus começou a chamar seus primeiros seguidores para que se unissem ao seu projeto de abrir caminhos para o Reino de Deus. Se seguirmos os relatos dos evangelhos também poderemos ouvir seu chamado para colaborar com o Ressuscitado a abrir caminhos para um mundo mais humano, justo e fraterno. Na Galileia, formou-se a primeira comunidade de seguidores de Jesus, que, com Ele, aprenderam a viver acolhendo, perdoando, aliviando sofrimentos, resgatando vidas e despertando a confiança de todos no amor incompreensível de Deus. Ao ler os relatos evangélicos nós também viveremos a mesma experiência em nossas comunidades cristãs; reunidos em torno do Evangelho de Jesus ressuscitado, aprenderemos a viver como Ele.

2 Encontro gratuito

O encontro com o Ressuscitado é um presente. Uma surpresa que ninguém esperava. Algo que é oferecido aos discípulos de uma maneira totalmente desmerecida. Paulo chama seu encontro com o Ressuscitado de "graça" (1Cor 15,10).

a) Surpreendidos pelo Jesus ressuscitado

Quando, após 30 ou 40 anos de experiências vividas pelos primeiros discípulos que se encontraram com o Ressuscitado, são registrados os primeiros relatos, todos insistem em que a iniciativa do encontro é de Jesus e não dos discípulos. Eles não fazem nada para sair da prostração. É o próprio Jesus que se impõe, cheio de vida, e os força a abandonar sua descrença e incredulidade. Os discípulos "são surpreendidos" por Jesus (Leonardo Boff).

O encontro com Jesus ressuscitado é sempre um presente e não uma conquista produto de seus esforços ou méritos. É uma "autodoação" do Ressuscitado, que se manifesta e se entrega cheio de vida a eles, superando todas as suas expectativas. As testemunhas dessa experiência não encontram uma linguagem adequada para exprimir adequadamente esse acontecimento inesperado e desconcertante. Só sabem anunciá-lo como algo novo e bom, uma Boa-nova (*euaggelion*).

É significativo notar que, muito antes de os relatos do Ressuscitado serem escritos, encontramos nas primeiras comunidades cristãs hinos litúrgicos e fragmentos de cânticos em que Jesus é proclamado como o Senhor ressuscitado e glorificado por Deus (1Tm 3,16; Ef 4,7-10; Rm 10,5-8; Fl 2,6-11). São hinos e cânticos nascidos do entusiasmo dos cristãos, em um clima de ação de graças e louvor a Deus pelo presente da ressurreição de Jesus.

b) Abrir-nos para o gratuito

Atualmente, vivemos encerrados em uma cultura que acredita acima de tudo em esforço, desempenho e produtividade. Quase sem perceber, corremos o risco de cultivar nossa experiência cristã e nossa ação evangelizadora a partir desses mesmos critérios de eficiência e organização, sem dar lugar para as coisas gratuitas e inesperadas, que não são o resultado do nosso trabalho. Esquecemos que não podemos nos dar a salvação que o coração humano deseja. Não podemos dar vida a nós mesmos nem exigir que Deus nos a conceda.

Para viver a experiência do encontro com o Ressuscitado devemos deixar mais espaço para tudo aquilo que é gratuito. O encontro com o Ressuscitado é possível quando nos colocamos como seres necessitados de salvação. Nessa experiência, abrimo-nos à possibilidade de nos encontrarmos com o Ressuscitado, que sustenta e incentiva nossas vidas.

Em nossas comunidades, temos que despertar mais nossa sensibilidade para que tudo aquilo que é "gratuito" esteja presente em nós. Por exemplo: quando sentimos que nossa fé não brota de evidências científicas nem se baseia em razões e argumentos, mas no mistério de Deus que sentimos dentro de nós; quando, diante de uma desgraça impactante, de um grave fracasso ou da morte de um ente querido, continuamos acreditando, mesmo sem saber exatamente o porquê, ou melhor, sabendo que, mais do que acreditar em algo, existe alguém que acredita em nós e que, mais do que levar a fé em nosso coração, é a fé que nos leva; quando sentimos que nossa decisão de seguir Jesus é nutrida por algo que vai além da nossa simples convicção, razão ou vontade; quando sentimos que amamos a Cristo não por causa do que sabemos sobre Ele ou pelas ideias que nos transmitiram sobre Ele, mas porque nosso amor é sustentado por alguém que está vivo em nós.

As experiências pessoais de cada um podem ser infinitas, mas um dos lugares privilegiados para viver a experiência do encontro com o Ressuscitado é, sem dúvida, a celebração eucarística. Na Eucaristia não celebramos nossos esforços, trabalhos e lutas, mas a salvação que nos é oferecida em Jesus Cristo, crucificado por seus adversários, mas trazido por Deus de volta à vida. É nesse louvor eucarístico e em nossos cantos de ação de graças que podemos encontrar o espaço mais adequado para acolher o Ressuscitado. A fé em Cristo ressuscitado, que nos oferece sua salvação a cada dia, gera esse estilo de vida moldado pela ação de graças, ao qual São Paulo tantas vezes nos convida: "Em tudo, dai graças, porque esta é a vontade de Deus em Cristo Jesus para convosco" (1Ts 5,18).

3 A experiência pacificadora do perdão

a) Perdoados por Jesus ressuscitado

Às vezes, esquecemos que o encontro com o Ressuscitado foi basicamente uma experiência de perdão. Os discípulos estavam cientes de seus pecados. Eles negaram o Mestre e o abandonaram. Pedro chorou amargamente por sua traição antes mesmo de Jesus ser crucificado. A tristeza desses homens não é apenas a dos que perderam o Mestre admirado ou o Amigo querido. É a tristeza do covarde que não foi fiel. Já não são "discípulos" nem "seguidores". O Evangelista Marcos enfatiza fortemente a negação, o abandono e a dispersão geral como sinais inequívocos da "ruptura do seguimento" a Jesus.

Por isso, no encontro com o Ressuscitado, viveram a experiência de se sentir perdoados por Jesus. Viram-se mais uma vez acolhidos na comunhão e na amizade do Mestre; experimentaram em Jesus o amor que permanece, a ternura que sempre perdoa, a fidelidade própria de Deus. Os relatos insistem no caráter reconciliador do encontro com o Ressuscitado. Não há nenhuma alusão de Jesus sobre o abandono de seus seguidores. Nenhuma repreensão por sua traição covarde. Nenhuma exigência para reparar sua infidelidade. Uma e outra vez a mesma saudação: "A paz esteja convosco" (Lc 24,36; Jo 20,19-21). A primeira coisa que recebem é a renovação da paz, do perdão e da amizade com Jesus.

Por outro lado, é significativo observar a estreita ligação que é estabelecida nas várias tradições entre a "ressurreição" e o "perdão dos pecados". Depois de acolher o perdão do Ressuscitado, esta é a primeira experiência que os discípulos têm a oferecer aos demais: "Aqueles que perdoam os pecados são perdoados" (Jo 20,33). De acordo com o relato de Lucas, o Ressuscitado diz aos Onze: "É assim que está escrito e assim era que se fazia necessário sofresse o Cristo e ressuscitasse dentre os mortos ao terceiro dia e que se pregasse em seu nome a penitência e a remissão dos pecados em todas as nações, a começar por Jerusalém". Vós sois testemunhas destas coisas" (Lc 24,46-48). Edward Schillebeeckx chega a dizer que "o perdão de sua covardia e pouca fé é a experiência que, iluminada pela lembrança da vida terrena de Jesus, torna-se a matriz da qual nasce a fé em Jesus enquanto ressuscitado".

b) Acolher o perdão do Ressuscitado

A sociedade contemporânea parece não valorizar adequadamente o perdão, nem para dá-lo nem para recebê-lo. Por um lado, tentam nos convencer de que o perdão é a "virtude dos fracos", que eles se conformam e se curvam diante das injustiças porque não sabem lutar e se arriscar. Por outro lado, afirmam que não precisamos mais nos sentir perdoados por ninguém. Já nos disseram tantas coisas sobre o risco de viver com uma consciência mórbida do pecado que não ousamos mais insistir em nossa própria culpa, para não gerar sentimentos de frustração ou remorso em nós mesmos. Preferimos viver de maneira irresponsável, sempre culpando os outros ou dando menos importância aos nossos próprios erros e injustiças.

Contudo, não seria essa a melhor maneira de vivermos enganados, afastados da nossa própria verdade, imersos em uma insatisfação secreta da qual só conseguimos escapar se nos refugiarmos na inconsciência ou no cinismo? Não precisamos, nas profundezas do nosso ser, confessar nossa culpa e nossos erros, perdoar uns aos outros, sentir-nos aceitos apesar da nossa mediocridade e resgatar o nosso ser mais autêntico?

Esta é a experiência que precisamos: espaços de reconciliação nos quais possamos confessar nossos pecados e "reconhecer" o Jesus ressuscitado como "amigo dos pecadores", capaz, também hoje, de levar a paz até o mais íntimo do nosso ser. É nessa experiência de perdão que também podemos experimentar Cristo como o Ressuscitado que vive e dá a vida. O ser que não conhece a alegria de ser perdoado não corre o risco de viver morto, sem "ressuscitar", sem se deixar recriar pelo Ressuscitado?

Por outro lado, quem nunca experimentou a alegria e a paz de ser perdoado não corre o risco de viver cada vez mais prisioneiro de suas exigências e demandas e negando ternura e perdão aos demais? Afastamos o perdão do nosso convívio por considerá-lo algo inútil e ineficaz e acabamos caindo em uma espiral infinita de represálias, revanches e vinganças, esquecendo que as injustiças e os conflitos do ser humano só terão uma solução real no momento em que o perdão entrar no nosso coração. O perdão é sempre salvador. Desperta esperança naqueles que perdoam e naqueles que são perdoados. Na sua aparente fragilidade, o perdão é mais forte do que toda a violência no mundo. O perdão é "ressuscitador".

A partir dessa fé no perdão do Ressuscitado não devemos atualizar, renovar e reavivar o Sacramento da Reconciliação, tão subvalorizado hoje em tantos lugares? Não terá chegado o momento de valorizar e cuidar muito mais, nas paróquias e nas comunidades cristãs, da celebração sacramental da misericórdia de Deus como uma experiência que pode representar um consolo renovador, uma dinâmica alegre de perdão comunitário e um impulso para construir uma sociedade mais reconciliada? Quanto tempo ainda temos que esperar até que a Igreja decida atualizar a maneira de celebrar este Sacramento da Reconciliação, a fim de oferecer aos homens e às mulheres de hoje os meios mais adequados para sua cultura e sua experiência? Quando o Papa Francisco pede com tanta força que desapareça da pregação e da prática da Igreja tudo aquilo que possa obscurecer ou impedir a acolhida de Deus como um mistério incompreensível de infinita misericórdia, não estaria pedindo uma celebração que destacasse mais a gratuidade do perdão e menos a ação do penitente perante o "tribunal" da confissão?

4 Acontecimento transformador

a) Possibilidade de uma vida nova

O encontro com o Cristo ressuscitado é um acontecimento que transforma os discípulos. Uma experiência de conversão e mudança profunda em sua existência. Como dissemos acima, os relatos do Evangelho indicam que o Ressuscitado se oferece a eles como "uma nova possibilidade de vida". A ruptura com Jesus não foi definitiva. O seguimento não termina em fracasso. Tudo é possível novamente. A presença do Ressuscitado os renova e os recria. Jesus lhes oferece sua amizade novamente, e toda sua vida é transformada.

O encontro com o Ressuscitado é uma experiência de conversão. Aqueles que o haviam abandonado voltam a vê-lo como Senhor e Salvador (Jo 20,28). Aqueles que haviam se dispersado voltam a se reencontrar em seu nome (Lc 24,33). Aqueles que se recusavam a aceitar sua mensagem agora começam a proclamá-lo com total convicção. Aqueles que, paralisados pela covardia, tinham sido incapazes de segui-lo no momento da crucificação agora arriscam sua vida pela causa do Crucificado.

O caso de Paulo de Tarso é particularmente significativo. O encontro com o Cristo ressuscitado o converterá e o transformará de perseguidor das comunidades cristãs em testemunha e pregador das Boas-novas de Cristo (Gl 1,23; Fl 3,5-14; 1Cor 15,9-10).

b) Reorientar a vida a partir de Jesus Cristo

Não existe experiência de encontro com Jesus ressuscitado sem conversão. O encontro acontece justamente nesse "abrir-nos" para uma vida nova. Quando preferimos continuar vivendo "sem interioridade", fechados a qualquer novo chamado, sem assumir novas responsabilidades, indiferentes a tudo o que possa desafiar nossa vida, determinados a garantir nossa "pequena felicidade" pelos caminhos egoístas de sempre, não há espaço para receber o Ressuscitado.

Mas a conversão vivida pelos discípulos não consiste em corrigir um aspecto de sua vida. É uma reorientação de todo seu ser. Uma conversão a Cristo como a única fonte de vida. Não se trata, portanto, de nos esforçarmos, antes de mais nada, em fazer tudo melhor, mas abrir-nos a esse Deus que nos é oferecido em Jesus ressuscitado como fonte de vida e renovação. Não se trata de "tornarmo-nos pessoas boas", mas de nos voltarmos para aquele que é bom conosco.

Para os discípulos, o encontro com o Ressuscitado é uma espécie de "segundo chamado", uma renovação de sua primeira vocação. Para um seguidor de Jesus, é importante ouvir a Deus ao escolher um determinado projeto de vida que dará uma primeira direção para sua vida. Mas Deus não permanece em silêncio com o passar dos anos, e seu chamado, discreto mas persistente, pode nos interpelar quando já tivermos caminhado um bom trecho de nossa vida. Em certas ocasiões, este "segundo chamado" pode ser tão importante ou até mais que o primeiro, porque chega para "ressuscitar" nossa primeira vocação.

Vamos pensar um pouco. Os problemas da vida e nossa própria mediocridade têm nos desgastado dia após dia. Aquele ideal que antes víamos tão claramente talvez agora tenha se obscurecido. Talvez continuemos caminhando, mas a vida está ficando cada vez mais dura e difícil. Continuamos "cumprindo nossas obrigações", mas no fundo sabemos que algo está morto dentro de nós. A primei ra vocação parece ter sido extinta.

Ouvir este "segundo chamado" agora é mais humilde e realista. Conhecemos melhor nossas possibilidades e nossas limitações. Sabemos o que é o desânimo, a tentação do abandono ou a fuga. Não podemos contar apenas com nossas forças. Temos que nos abrir e confiar mais em Deus. É hora de ouvir Jesus ressuscitado, repetir a experiência de Pedro e dizer como ele disse: "Senhor, Tu sabes tudo; Tu sabes que te amo" (Jo 21,17). Estou convencido de que, devido à idade de muitos fiéis de nossas paróquias, ouvir esse "segundo chamado" antes de seguir para o último trecho de suas vidas seria renovador.

5 A experiência de "ressurreição"

a) Ressuscitar o seguimento a Jesus

A conversão dos discípulos tem um caráter de ressurreição. O encontro com o Ressuscitado é, para aqueles homens e aquelas mulheres, uma graça que "ressuscita" sua fé e reanima sua vida. Os relatos do Evangelho apresentam a situação dos discípulos sem o Ressuscitado com tons muito sombrios. João os descreve como um grupo de pessoas encerradas em si mesmas, sem horizonte, "com as portas fechadas", uma comunidade sem objetivos ou missões, cheia de medos e na defensiva (Jo 20,19). Lucas fala dos discípulos de Emaús como homens que andam perplexos, "com um ar entristecido" e sem esperança (Lc 24,17). É o encontro com o Ressuscitado que os transforma, reanima, enche de alegria e de paz, liberta do medo e da covardia, abre novos horizontes e os incentiva a continuar abrindo caminhos para seu projeto humanizador do Reino de Deus.

A catequese pascal de Jo 20,11-18 é significativa. Maria é uma mulher triste e desorientada. Sente falta do Senhor. João a descreve "chorando do lado de fora, próxima do sepulcro de Jesus" (Jo 20,11). Ainda não despertou para o mistério da ressurreição. Está lá fora, chorando. No entanto, Maria adota uma postura de busca que a levará ao encontro com o Ressuscitado. Em primeiro lugar, dirige-se aos discípulos, depois, aos anjos da sepultura e, finalmente, ao que ela acreditar ser o jardineiro. Ela diz o mesmo a todos: "Levaram o Senhor, e não sei onde o colocaram".

O evangelista nos apresenta todo seu processo gradualmente. Os discípulos não respondem nada. Nem sabem onde e como encontrar o Senhor (20,2). Os anjos lhe dizem algo muito importante: obrigam-na a abandonar uma busca puramente externa e procurar em si mesma: "Mulher, por que choras? Quem está procurando?" (20,15). O Ressuscitado se torna presente em Maria com esses questionamentos fundamentais. São as perguntas-chave que temos que nos fazer para ressuscitar nossa fé no Cristo ressuscitado: Por que há tanta insatisfação e tristeza em minha vida? O que justifica a minha vida e lhe dá sentido?

b) Ressuscitar para uma vida nova

Temos que viver o encontro com o Ressuscitado como uma "ressurreição". Paulo de Tarso entende a vida cristã como um "morrer no pecado" que nos desumaniza e uma "ressurreição para uma vida nova": a vida de Cristo ressuscitado, que enche aqueles que o seguem com sua energia vital, a fim de que, assim como Cristo ressuscitou dos mortos por meio da glória do Pai, também vivamos uma nova vida" (Rm 6,4).

A morte, como destruição da vida, não é apenas o fim biológico do ser humano. Antes do fim dos nossos dias, a morte pode entrar em nossa vida por diferentes caminhos. Não é difícil constatar como, devido a vários fatores e circunstâncias, a mediocridade vai matando nossa fé no valor da vida, a confiança nas pessoas, a capacidade para fazer aquilo que exige um esforço generoso ou a coragem para correr riscos.

Quase sem perceber, o pecado faz crescer em nós a indiferença, a rotina e a mediocridade. Pouco a pouco, podemos cair no ceticismo, no desencanto ou na preguiça total. Talvez não esperemos grande coisa da vida. Mal acreditamos em nós mesmos ou nos demais. O pessimismo, a amargura e o mau humor podem tomar posse de nós cada vez mais facilmente. Talvez descubramos que, no fundo do nosso ser, a vida vai se empobrecendo. O pecado vai se tornando um costume. Embora não confessemos isso abertamente, talvez comecemos a sentir que nossa fé é um costume religioso convencional, sem vida, inerte, uma "letra morta".

O encontro com o Ressuscitado significa, em particular, acolher seu Espírito vivificante e experimentar a força que Cristo possui de "ressuscitar os mortos". Entramos na dinâmica da ressurreição quando, confiantes em Cristo, libertamos as forças da vida em nós e lutamos contra tudo o que nos paralisa ou nos impede de crescer como homens e como cristãos. Viver a dinâmica da ressurreição é viver crescendo: é intensificar nosso amor, gerar vida, abrir-nos com mais confiança para o futuro, orientar nossa existência pelos caminhos de uma entrega generosa e de uma solidariedade geradora de justiça. Tudo muda em uma paróquia ou comunidade quando tentamos entender e viver a existência cristã como um "processo de ressurreição", superando a covardia, o desgaste e o cansaço que poderiam nos levar à morte ou a um egoísmo estéril, um uso parasitário de outras pessoas ou uma apatia total diante da vida.

A Carta aos Efésios compreende essa dinâmica de crescimento na vida cristã da seguinte maneira: "Seguindo a verdade em amor, cresçamos em tudo naquele que é a cabeça, Cristo" (Ef 4,15). Não se trata apenas do crescimento individual de cada cristão, mas do crescimento de toda a Igreja, "o crescimento do corpo para sua edificação no amor" (Ef 4,16). A Carta aos Colossenses também afirma isso: "Trata-se, pois, de uma pessoa que não está unida à Cabeça, a partir da qual todo o corpo [...] efetua o crescimento concedido por Deus" (Cl 2,19). Esse crescimento não consiste em um aumento de número, extensão, poder ou prestígio, mas em "revestirmo-nos do novo homem, que segundo Deus é criado em verdadeira justiça e santidade" (Ef 4,24).

Frequentemente, repete-se que o "ter" vai substituindo o "ser" na experiência cotidiana do homem contemporâneo, mas talvez não percebamos até que ponto essa "neurose da possessão" está impedindo o crescimento das pessoas, o crescimento do amor e da amizade, o crescimento da compaixão, da ternura e da solidariedade nos dias de hoje. A "filosofia do ter" vai penetrando tão profundamente, que até mesmo deforma substancialmente a fé de alguns cristãos. Alguns fiéis entendem a fé como algo que se tem. Alguns a possuem e outros não. Felizmente, eles estão em posse da verdadeira religião. Tudo se resume a "conservar a fé". Mas, quando a fé é entendida como um conjunto de verdades que devem ser protegidas e preservadas, é difícil viver essa dinâmica de crescimento que Jesus promete: "No entanto, quando o Espírito da verdade vier, Ele vos guiará em toda a verdade" (Jo 16,13). Então, a coisa mais simples a se fazer é entender a fé como algo já possuído de uma vez por todas e nos sentirmos dispensados de nos abrirmos dia após dia ao mistério de Deus.

Da mesma forma, quando a moral se resume a "conservar os bons costumes", quando as comunidades cristãs já têm um estilo de vida rotineiro e inamovível, quando as paróquias funcionam "por ciclos" e, a cada ano, repetem o programa do ano anterior, sem enriquecer a experiência cristã de acordo com o ano litúrgico, devemos reconhecer que nos falta essa dinâmica de crescimento que implica a vida no Cristo ressuscitado.

6 Convidados a lutar pela vida

a) Deus coloca a vida onde os homens colocam a morte

Com o encontro com o Ressuscitado, os discípulos descobrem que Deus não é um Deus dos mortos, mas dos vivos. Se Deus ressuscitou Jesus, isso significa que Ele não quer a morte, mas a vida do ser humano. Ao ressuscitar Jesus, Deus se revela como alguém que discorda da nossa existência atual, cheia de sofrimentos e injustiças, e fatalmente destinada a uma morte que rompe todos os nossos projetos e as nossas aspirações.

Os primeiros discípulos experimentam a ressurreição de Jesus como a reação e o protesto de Deus contra um mundo de injustiças e violações da dignidade humana. O Deus que ressuscita Jesus é um Deus que coloca a vida onde os homens colocam a morte. De fato, a primeira pregação pascal está estruturada de acordo com este esquema: "Vós o matastes [...] mas Deus o ressuscitou" (At 2,23-24). Os homens destroem a vida, mas Deus a ressuscita. Por isso, quem se encontra com Cristo ressuscitado começa a "entender" a Deus como um Pai apaixonado pela vida e começa a amar a vida de maneira diferente. Entrar na dinâmica da ressurreição é entrar em uma dinâmica de luta pela vida e contra a morte.

b) A luta pela vida

Devemos iniciar essa luta pela vida em nosso próprio coração, um campo de batalha em que duas forças disputam a preferência: o amor à vida ou o amor à morte. Psicólogos renomados nos alertam sobre essa tendência patológica que parece se estender a alguns setores da sociedade: o amor pelo morto. Essa "necrofilia" que Erich Fromm não hesitou em considerar uma "grave síndrome da decadência". Quando a vida não tem sentido, a atração pelo inanimado pode crescer. Sentem-se mais atraídos pelas máquinas do que pelas pessoas. Procuram mais o barulho e agitação do que a criatividade e o crescimento interioridade. A alegria de viver é substituída pela frieza do dia a dia. Vamos pensar em algumas perguntas: Como seu corpo está? Como o seu casamento está?

Viver a dinâmica da ressurreição é amar a vida, vivê-la em toda sua plenitude e verdade, construí-la dia a dia em busca dessa vida definitiva que nos é revelada no Ressuscitado. Dentro dessa dinâmica, e como princípio permanente da vida, está sempre o amor, que é o sinal mais sólido de que vivemos "ressuscitando". É isso que a primeira Carta de João nos lembra: "Sabemos que passamos da morte para a vida, porque amamos os irmãos. Quem não ama permanece na morte" (1Jo 3,14).

Mais especificamente, a dinâmica da ressurreição exige colocar a vida onde outros colocam a morte. Essa "paixão pela vida" leva o cristão a estar presente onde a morte está para lutar contra tudo o que prejudica e acaba com a vida. "A ressurreição está presente e se manifesta onde se luta, e até mesmo se morre, para evitar a morte, sempre que estiver ao nosso alcance" (José María Castillo). Essa postura inequívoca em favor da vida nasce do Espírito do Ressuscitado e deve ser firme e consistente em todas as circunstâncias, que são muito vastas: mortes causadas violentamente, genocídios de populações indefesas, destruição lenta pela fome e pela miséria, destruição da natureza, aborto, eutanásia ativa... O seguidor de Jesus ressuscitado sempre adota uma postura firme contra tudo que degrada ou destrói a vida.

Por outro lado, devemos lembrar algo que os cristãos costumam esquecer, mas que os primeiros discípulos que se encontraram com o Ressuscitado enfatizavam fortemente: Deus ressuscitou justamente o Crucificado. Deus não ressuscitou o representante de Roma nem o sumo sacerdote do Templo, não ressuscitou um proprietário de terras da Galileia ou um aristocrata saduceu. Ele ressuscitou o Crucificado. Isso significa que sua ressurreição foi a reação de Deus à injustiça daqueles que matam a vida. O gesto de Deus ressuscitando revela a Jesus não apenas o triunfo de sua força, capaz de superar o poder destrutivo da morte, mas também a vitória de sua justiça sobre as injustiças dos homens.

É por isso que a ressurreição de Jesus é esperança, em primeiro lugar, para aqueles que seguem o Crucificado. Não é qualquer vida que pode esperar a ressurreição, mas sim uma existência vivida com seu espírito. Caminhamos em direção à ressurreição final em Cristo quando não vivemos nossa vida diária esquivando-nos dos sofrimentos dos outros, e sim nos entregando de maneira desinteressada àqueles que sofrem; quando não assumimos uma postura de distanciamento egoísta, e sim de defesa dos mais fracos. Somente por meio dessa participação humilde na crucificação de Jesus é que podemos viver a experiência pascal. A este respeito, Jon Sobrino disse o seguinte: "Seria um erro grave pretender participar da ressurreição de Jesus em seu último estágio sem haver passado pelas mesmas etapas históricas pelas quais Jesus passou". Esta é a experiência de Paulo: "Em tudo, somos atribulados, mas não angustiados; perplexos, mas não desanimados; perseguidos, mas não desamparados; abatidos, mas não destruídos. Trazendo sempre por toda a parte a mortificação do Senhor Jesus no nosso corpo, para que a vida de Jesus se manifeste também nos nossos corpos. E assim nós, que vivemos, estamos sempre entregues à morte por amor de Jesus, para que a vida de Jesus se manifeste também na nossa carne mortal" (2Cor 4,8-11).

Portanto, o encontro com Jesus ressuscitado sempre nos força a nos fazermos perguntas decisivas: estamos do lado daqueles que crucificam ou daqueles que são crucificados? Estamos junto àqueles que matam a vida e destroem o ser humano ou, por outro lado, estamos junto àqueles que lutam para defender os crucificados e servir à vida? Uma vida entregue ao serviço dos crucificados é a melhor expressão da fé viva no Ressuscitado. Dessa forma, devemos viver e celebrar a ressurreição de Jesus em nossas paróquias e comunidades.

7 Chamados a evangelizar

Os discípulos vivem seu encontro com o Ressuscitado como um chamado para anunciar essa Boa-nova a todos. Os diferentes relatos do encontro de Jesus ressuscitado com os Onze terminam, invariavelmente, em um chamado à missão de evangelizar: "Ide e fazei discípulos de todas as nações" (Mt 28,19); "Vós sois testemunhas dessas coisas" (Lc 24,48); "Assim como o Pai me enviou, eu também os envio" (Jo 20,21); "Ide por todo o mundo e proclamai o Evangelho a toda criatura" (Mc 16,15).

Mas não apenas os apóstolos. Todos os que se encontram com o Ressuscitado ouvem seu chamado para ser testemunhos de sua experiência. Os dois discípulos de Emaús dizem aos demais: "E eles lhes contaram o que lhes acontecera no caminho e como deles fora conhecido no partir do pão" (Lc 24,35). A história de Maria Madalena é significativa. O Ressuscitado muda o projeto de Maria: não é hora para essa experiência regozijante de "abraçar o Ressuscitado", mas para anunciar a Boa-nova aos irmãos. E, de fato, "Maria Madalena foi e disse a seus discípulos: 'Eu vi o Senhor'" (Jo 20,17-18).

Portanto, o encontro com o Ressuscitado provoca a evangelização. Mas o que os discípulos devem comunicar não é primordialmente uma doutrina religiosa ou um sistema moral, mas, acima de tudo, sua própria experiência, isto é, o que "eles viram", "o que aconteceu com eles ao longo do caminho". A experiência regozijante de algo que pode colocar uma nova esperança na vida do ser humano. Nós, seguidores de Jesus Cristo, devemos nos aprofundar mais em nossas comunidades não apenas no conteúdo de nossa vocação evangelizadora e suas exigências, mas também na origem dessa vocação: aquele Jesus vivo que, constantemente, nos chama para anunciar sua Boa-nova. Não basta trabalhar, organizar, falar, ensinar... Em tudo isso, e por meio disso, devemos nos sentir chamados pelo Ressuscitado para ser suas testemunhas.

Às vezes, esquecemos que sempre há um chamado pessoal para cada um dos ressuscitados. Um chamado insubstituível ao qual ninguém pode responder por nós. Maria Madalena reconhece o Ressuscitado no momento em que se sente chamada por seu nome. Talvez os cristãos de hoje precisem ouvir, de alguma maneira, o próprio nome da boca do Ressuscitado. Quando esse encontro pessoal com o Ressuscitado ocorre, algo acontece dentro de nós, o fascínio por Ele desperta em nós, e nos sentimos impulsionados a continuar com a ação libertadora e salvadora que começou com Jesus Cristo, morto por homens, mas ressuscitado por Deus.

Quem vive do Cristo ressuscitado se torna uma "Boa-nova" para todos aqueles que encontra em seu caminho. Com sua palavra e seus gestos, com sua ação e sua paixão, ele anuncia a todos a esperança do Ressuscitado: todos os que trabalham para ser cada vez mais humanos um dia serão; todos os que lutam para construir um mundo mais justo e humano um dia o conhecerão; todos os que, de alguma maneira, acreditaram em Jesus Cristo e viveram pelo seu Espírito um dia saberão o que é a vida nova.

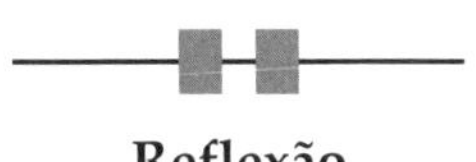

Reflexão

1) Quão importante é a ressurreição de Jesus na fé dos cristãos? Ele ocupa um lugar central na sua experiência cristã? O Cristo ressuscitado é o centro da paróquia?

2) O domingo é vivido como um encontro da comunidade com o Cristo ressuscitado? Preparamos a celebração de domingo de forma responsável e criativa? Cuidamos da alegria e da paz da comunidade como presentes de Cristo ressuscitado para seus seguidores?

3) Neste capítulo, falamos de sete características da experiência cristã do Ressuscitado. Que aspectos dessa experiência pascal devemos reavivar mais em nossas celebrações, reuniões, pregações e catequese?

4) Como costumamos celebrar o Tempo Pascal? Como renovar a fé em Cristo ressuscitado? (encontros de oração, conversas, palestras, estudo dos relatos evangélicos). Não poderíamos utilizar este mesmo capítulo como ajuda e orientação para promover alguma atividade?

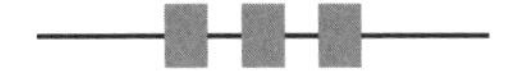

3
Cristo é nossa esperança

A esperança é algo inerente ao ser humano. Para o homem, viver significa caminhar em direção a um futuro. Em sua vida, sempre busca por algo melhor. O homem "não apenas tem esperança, também vive em função dessa esperança, é movido por ela". Portanto, quando uma sociedade perde a esperança, o horizonte escurece, a convivência entra em crise e a própria vida corre o risco de se degradar.

Neste capítulo discutiremos o seguinte: começaremos tomando consciência de que vivemos em uma sociedade que necessita de esperança. Em seguida, lembraremos que é nesta sociedade que devemos viver e transmitir o Cristo como "nossa esperança": encontrando seu fundamento na ressurreição de Jesus, aprendendo a acreditar no "Deus da esperança" e descobrindo o "futuro último" da história humana esse Deus. Depois, aprofundaremo-nos brevemente na Igreja como uma comunidade de esperança. A seguir, traçarei algumas características básicas da esperança cristã para nossos dias. Depois, sugerirei algumas tarefas de esperança na sociedade atual: abrir o horizonte para nossas vidas[9], criticar a absolutização do pre-

---

9. MOTTU, H. "Esperanza y lucidez". In: *Iniciación a la Práctica de la Teología IV*. Madri: Cristiandad, 1985, p. 301.

sente, introduzir o conteúdo humano no progresso atual. Terminarei dando algumas dicas para promover a criatividade da esperança cristã: diante de um "niilismo fatigado", confiança em Deus; diante do pragmatismo científico-técnico, a defesa da pessoa; diante do individualismo, a solidariedade; diante da indiferença, a misericórdia.

1 Uma sociedade necessita de esperança

Muitos adjetivos sombrios caracterizam o momento atual, mas provavelmente a constatação mais grave seja justamente a crise da esperança. Alguém ousou dizer que "o século XX se tornou um imenso cemitério de esperanças"[10].

a) Desmistificação do progresso

A história desses últimos anos tem se encarregado de desmistificar o mito do progresso, uma pedra fundamental na construção da civilização moderna. As grandes guerras do século passado, a ameaça da deterioração da ecologia, a fome no mundo, as graves crises econômicas, os diferentes tipos de terrorismo e outras adversidades causaram, primeiro, o declínio e, depois, "o desmoronamento das utopias de raiz ilustrada"[11].

As grandes promessas que nos fizeram desde o Iluminismo não foram cumpridas. O mundo moderno ainda é repleto de crueldades, injustiças e insegurança. "Definitivamente, vivemos uma época

---

10. GONZÁLEZ-CARVAJAL, L. "Ideas y creencias del hombre postmoderno". In: *Razón y Fe*, mar./1992, p. 259.
11. ARGULLOL, R. & TRÍAS, E. *El cansancio de Occidente*. Barcelona: Destino, 1992, p. 43.

de mal-estar e incerteza, de decepção e ceticismo diante das grandes palavras prometidas"[12].

b) Fim da história

Se o progresso acabou se tornando uma "ilusão", não deveríamos dizer que a história evaporou? Este é o sentimento de alguns pensadores pós-modernos. Para G. Vattimo, já estamos no "eterno retorno à mesmice"; "o fim da era da superação"[13]. De acordo com J. Baudrillard, "a história deixou de ser real"[14]. É uma ilusão pensar que estamos "fazendo história". Os fatos e os acontecimentos que estamos vivenciando não nos levam a lugar nenhum.

A queda dos sistemas socialistas do Leste veio, por outro lado, reforçar a sensação de que tudo já estava decidido. Todo modelo de sociedade, não parece, mais cedo ou mais tarde, estar se aproximando do sistema neocapitalista liberal? A história terminará assim?[15]

c) Perda de horizonte

No final das contas, parece que a sociedade moderna ficou sem horizonte nem orientação, sem objetivos nem parâmetros de referência consistentes. Segundo G. Vattimo, "a filosofia não pode nem deve nos mostrar para onde estamos indo, mas viver na condição de

---

12. COELHO PIRES, L. *Nuestro tiempo y su esperanza*. Madri: Atenas, 1992, p. 43.
13. VATTIMO, G. *El fin de la modernidad*. Barcelona: Gedisa, 1986, p. 92.
14. BAUDRILLARD, J. *Las estrategias fatales*. Barcelona: Anagrama, 1984, p. 12.
15. FUKUYAMA, F. *El fin de la historia y el último hombre*. Barcelona: Anagrama, 1992. Cf. seu artigo "The End of History?" In: *The National Interest*, 16, 1989, p. 3-18.

quem não vai a lugar nenhum"[16]. A humanidade parece estar atingindo sua velhice. Os acontecimentos se atropelam, mas não levam a nada novo. O progresso se transforma em rotina. A cultura do consumismo produz novidades em termos de produtos, mas apenas para manter o sistema na mais absoluta imobilidade. Conforme J.M. Mardones, "não esperar nada da história nos leva a esperar, conformados, que as irracionalidades do sistema continuem de forma ininterrupta"[17].

A consequência inevitável disso é o cansaço. "O Ocidente está profundamente cansado. Cansado de si mesmo. E nós, europeus, ocidentais, estamos cansados daquele Ocidente que, para os demais, constitui nosso espaço vital, nosso húmus histórico e cultural"[18]. O niilismo que hoje se estende às sociedades cansadas do mundo atual não é o niilismo ativo e combatente proclamado por F. Nietzsche, mas um "niilismo fatigado", feito de indiferença, passividade e frustração. O homem moderno é, fundamentalmente, um "espectador". Um ser passivo que faz parte de uma engrenagem que não é promovida por ele e cujo horizonte não alcança.

d) Prazer imediato

Quando não se espera nada do futuro, o melhor é viver o dia e desfrutar do momento presente ao máximo. É hora de procurar as

---

16. VATTIMO, G. *Más allá del sujeto*. Barcelona, Paidós, 1989, p. 11. Apud GONZÁLEZ-CARVAJAL, L. "Ideas y creencias del hombre postmoderno". Art. cit., p. 260.
17. MARDONES, J.M. *Postmodernidad y Cristianismo*. Santander: Sal Terrae, 1988, p. 66.
18. ARGULLOL, R. & TRÍAS, E. *El cansancio de Occidente*. Op. cit., p. 11. Cf. tb. GONZÁLEZ-CARVAJAL, L. "Ideas y creencias del hombre postmoderno". Art. cit., p. 260.

"rotas de fuga" que a cultura do hedonismo e do pragmatismo pode nos oferecer agora mesmo. "Se o homem moderno estava obcecado com a produção, o homem pós-moderno está obcecado pelo consumo". Não predominam a ambição, o desejo de superação, a busca por ideais nobres. Uma vez que se tenha alcançado certa segurança, o importante é se retirar para o "santuário da vida privada" e desfrutar de todo o prazer agora mesmo. A vida é prazer e, se não for, não é mais nada.

e) Desinteresse por "tarefas utópicas"

A convivência social faz com que nos desinteressemos por "tarefas utópicas". São poucos os que se comprometem de verdade a se esforçar para tornar as coisas diferentes. Estamos testemunhando uma crescente indiferença com relação a questões coletivas. Todo mundo se preocupa apenas consigo mesmo. Uma cultura narcisista se espalha por toda a parte: o cuidado do próprio corpo, a procura pela paz interior, pelo equilíbrio psíquico, pelas terapias de grupo...

Enquanto isso, cresce a "apatia democrática", o descrédito pelas instituições políticas e o empobrecimento da vida pública. A democracia não gera esperança nem incentiva as pessoas a se esforçarem para criar um futuro melhor. "Os políticos se tornaram administradores mais ou menos eficazes de máquinas obsoletas, e os eleitores-cidadãos, indivíduos que comparecem às urnas de tempos em tempos sem nenhum compromisso no que diz respeito ao significado dos seus votos"[19].

19. ARGULLOL, R. & TRÍAS, E. *El cansancio de Occidente*. Op. cit., p. 35.

f) As consequências da "guerra econômica"

Essa crise generalizada de esperança é vivida de maneira diferente em diferentes partes do planeta, como resultado da "guerra econômica" que ocorre na comunidade internacional. Enquanto os povos privilegiados (Estados Unidos, Japão, Europa, China) e os países emergentes competem para aumentar seu poder econômico, os países menos desenvolvidos (continente latino-americano, países orientais e do Leste) correm cada vez mais risco de que mantenham seu estado precário no futuro. Por outro lado, o continente africano não decola, ficando entre o esquecimento do Ocidente e a invasão da China.

Por sua parte, uma sociedade cada vez mais segmentada está se desenvolvendo na Europa. O setor integrado, que tem seu trabalho e seu padrão de vida garantidos, desfruta do seu bem-estar e se isola em seu próprio mundo de interesses. O setor ameaçado vê sua estabilidade trabalhista e social em risco, luta para não ficar para trás (contratos temporários, empregos precários...), enquanto aumenta sua desconfiança e seu medo de afundar ainda mais na pobreza e de forma irreversível. Os setores excluídos sabem que a Europa não é para eles. Sem trabalho e sem possibilidades, entraram em desespero. Não acreditam nos políticos. Mal sentem a solidariedade da sociedade. O futuro se fecha para eles.

g) Crises e incertezas da sociedade globalizada

Neste início do século XXI, a crise da esperança tem se agravado à medida que a sociedade é abalada por novos desafios e incertezas. Não vivemos mais em uma sociedade sólida, com conteúdos precisos e valores absolutos, mas em constante mudança, incerteza e relativismo. Os estudos de Zygmunt Bauman nos conscientizaram da árdua tarefa que significa hoje para o indivíduo a busca de uma identidade, sempre flexível e versátil, para poder se integrar e sobreviver em uma sociedade cada vez mais global, mas sem identidade estável ou segurança garantida[20].

Quem estuda as causas profundas dos novos conflitos analisa vários fatores. Por um lado, a desintegração social e a fraqueza institucional, incapazes de tomar medidas políticas a tempo, estão causando confusão e insegurança no espaço público. Por outro lado, o surgimento de um mundo interdependente que, de acordo com Daniel Innerarity, significa um "mundo contagioso e desprotegido", faz com que os problemas se expandam e afetem todos nós: que segurança podemos ter em um mundo no qual todos estão ligados a todos e onde a violência não termina diante de nenhuma fronteira? Além disso, a desigualdade tomou uma dimensão global. No futuro, a fome, o desemprego, as guerras, a insegurança sanitária e a miséria continuarão desencadeando "deslocamentos em massa de desesperados" para áreas mais seguras. Todos dependem de todos: os fracos dos fortes, é claro, mas cada vez mais também os fortes dos fracos, cujo sofrimento acaba atingindo quem achava que estava a salvo. Como disse D. Inneraridade: "um mundo cada vez mais unificado e extremamente desigual é fonte de instabilidade e insegurança"[21].

---

20. BAUMAN, Z. *Modernidad líquida*. México: FCE, 2003. • BAUMAN, Z. *Miedo líquido*: la sociedad contemporánea y sus temores. Barcelona, Paidós, 2007. • BAUMAN, Z. *Tiempos líquidos*. Barcelona: Tusquets, 2007.

21. INNERARITY, D. *Un mundo de todos y de nadie* – Piratas, riesgos y redes en el nuevo desorden global. Barcelona: Paidós, 2013. • INNERARITY, D. *La sociedad invisible*. Madri: Espasa, 2009. • INNERARITY, D. & SOLANA, J. (eds.). *La humanidad amenazada*: gobernar los riesgos globales. Barcelona: Paidós, 2011. • CASTELLS, M. *Redes de indignación y esperanza*: los movimientos sociales en la era de internet. Madri: Alianza, 2012.

2 Cristo, "nossa esperança"

É no meio dessa sociedade que os cristãos de hoje devem "dar uma razão para a nossa esperança" (1Pd 3,15) a nós mesmos e aos homens e às mulheres com quem compartilhamos o início deste milênio imprevisível. Uma esperança que não é apenas mais uma utopia, talvez mais bem construída e mais resistente, nem uma reação desesperada às crises e às incertezas atuais, mas que está enraizada em Jesus Cristo, crucificado por homens, mas ressuscitado por Deus.

a) A ressurreição de Cristo, fundamento da nossa esperança

Nossa esperança tem um nome: Jesus Cristo. E se fundamenta em um fato: sua ressurreição. Tudo o que se encontra na esperança do cristão, capaz de "esperar contra toda esperança", nasce de Jesus, crucificado por seus adversários, mas ressuscitado por Deus. O "princípio-esperança" dos seguidores de Jesus Cristo tem seu fundamento nesse acontecimento e na história de esperança iniciada por Ele. Somente em Cristo ressuscitado nos é revelado o futuro último que podemos esperar para a humanidade como seus seguidores, o caminho que pode levar o ser humano à sua verdadeira plenitude e à garantia última perante o fracasso, a injustiça e a morte.

A ressurreição de Cristo abre um futuro de vida plena para toda a humanidade. Jesus, ressuscitado pelo Pai, é apenas "o primeiro que ressuscitou dos mortos" (Cl 1,18). Ele se antecipou a todos para encontrar no Pai uma vida definitiva que também está reservada para nós. Sua ressurreição é o fundamento e a garantia da nossa. "Deus, que ressuscitou o Senhor, também nos ressuscitará com sua força" (1Cor 6,14). Portanto, a morte não tem a última palavra. A fome, as guerras, os genocídios, os vários tipos de terrorismo e as "limpezas étnicas" não constituem o horizonte final da história. A violência destrutiva, a metralhadora nem o câncer acabarão com o ser humano.

A ressurreição gera, ao mesmo tempo, esperança em uma justiça final. Deus não está disposto a ver "o carrasco triunfar sobre suas vítimas" (M. Horkheimer). A ressurreição de Jesus nos revela que Deus está do lado dos crucificados e contra seus crucificadores. Ele coloca sua justiça última onde os homens colocam injustiça e morte. A ressurreição é a última palavra de Deus sobre o destino final dos maltratados. A miséria, o desemprego, a humilhação, a exploração não são a realidade definitiva de suas vidas. Deus ressuscitou o Crucificado: "Essa é a grande esperança do mundo da marginalização"[22]. Quem, movido pelo Espírito de Jesus, trabalha para ser justo e humano, mesmo diante de abusos e injustiças, um dia conhecerá a justiça. Quem, seguindo Jesus, lutar por um mundo mais justo e solidário, um dia desfrutará dele.

A ressurreição nos revela, portanto, que existe perdão para a humanidade. "Deus estava em Cristo reconciliando consigo o mundo, não imputando aos homens as suas transgressões" (2Cor 5,19). A saudação de Jesus ressuscitado é de paz e não de vingança. É por isso que podemos reconhecer nossas próprias injustiças e pecados sem cair no "delírio da inocência" (J.B. Metz) e na irresponsabilidade do homem contemporâneo, que sempre tenta culpar os outros sem jamais admitir qualquer culpa. Deus sempre oferece perdão e libertação da culpa. Onde o pecado abundou, superabundou a graça (Rm 5,20). Nenhum pecador que voltar para Ele e, movido pelo Espírito de Jesus, invocá-lo com confiança como Pai se desapontará. Participará da festa final da humanidade.

---

22. FRAIJÓ, M. *Jesús y los marginados* – Utopía y esperanza cristiana. Madri: Cristiandad, 1985, p. 85.

Da ressurreição de Cristo, portanto, antes de mais nada, nasce uma esperança. Sem dúvida, nós, cristãos, temos que nos perguntar quem foi Jesus de Nazaré, porque somente se seguirmos seus passos caminharemos em direção ao seu destino último; devemos também considerar que exigências concretas sua mensagem e seu projeto humanizador do Reino de Deus têm para nós hoje, porque somente se abrirmos caminhos para esse projeto avançaremos em direção ao reino definitivo, mas a pergunta decisiva é: O que podemos esperar dele, que possibilidades concretas podemos encontrar no Cristo ressuscitado para a história humana? Cristo é "a nossa esperança" (1Tm 1,1). Com base nessa esperança, os cristãos aprendem a acreditar em Deus e a desvendar o sentido último da vida[23].

b) O Deus da esperança

Esse é o verdadeiro nome de Deus. Sua realidade última, como nos foi revelada na ressurreição de Jesus. É verdade que em Cristo descobrimos que "Deus é amor" (1Jo 4,8), mas amor ressuscitador. É por isso que Deus é para nós "o Deus da esperança" (Rm 15,13). Não apenas o Criador que, em sua origem, dá início à vida, mas o Ressuscitador que, no final, realiza "a nova criação". Deus está no começo e no fim. É por isso que nós, cristãos, "não confiamos em nós mesmos, mas em Deus, que ressuscita os mortos" (2Cor 1,9).

Dessa perspectiva, podemos dizer que o próprio Deus é, acima de tudo, "o futuro último". Deus está presente em nossa vida, prometendo, garantindo e guiando o futuro. Temos que buscar Deus não apenas "dentro" ou "acima", mas também "diante" de

---

23. Para a fundamentação cristológica da esperança cf. o trabalho fundamental MOLTMANN, J. *Teología de la esperanza*. Salamanca: Sígueme, 1969, esp. o capítulo "Resurrección y futuro de Jesucristo", p. 181-298.

nós (J. Moltmann). Já na história de Israel, Javé é "o Deus do êxodo", que guia seu povo para o que ainda não é; "o Deus da promessa" que leva Israel a caminhar em direção a uma nova terra, um novo futuro. Para nós, o Deus de Jesus Cristo é "o Deus da ressurreição", aquele que, em Cristo ressuscitado, abre o caminho para o nosso verdadeiro futuro. Nós, cristãos, acreditamos nesse Deus. "O Deus que dá vida aos mortos e chama à existência coisas que não existem, como se existissem" (Rm 4,17).

Deus não descansará até que a vida que nasceu do seu amor infinito de Pai vença finalmente a morte e surja "a nova criação" em todo o seu esplendor. Ele não se revelará como Deus, o Salvador, até que o ser humano alcance sua "humanização plena". A justiça e o perdão de Deus não se manifestarão totalmente até que "Deus seja tudo em todos" (1Cor 15,28). Enquanto isso, tudo está a caminho: a ação salvadora de Deus, a força transformadora da ressurreição e a construção da nova humanidade. E Deus está aqui: "Presença eterna do triunfo do Cristo crucificado"[24].

c) A humanidade tem um futuro

Com a ressurreição de Cristo, Deus introduz na história humana algo que deve ser entendido como novo. Algo que não pode ser deduzido das leis gerais da história ou do progresso humano. Um novo futuro que "revoluciona e transforma pobres expectativas humanas"[25]. Não se trata de uma nova possibilidade dentro do mundo e da história, algo que o ser humano pode alcançar apenas com seu esforço, mediante a racionalidade científica e técnica, mas a nova

24. MOLTMANN, J. *Esperanza y planificación del futuro*. Salamanca: Sígueme, 1971, p. 98.
25. FRAIJÓ, M. *Jesús y los marginados*. Op. cit., p. 209.

possibilidade que Deus oferece ao mundo e que o homem pode aceitar como uma graça. "A ressurreição de Cristo não significa um processo possível na história do mundo, mas o processo escatológico dessa história"[26].

As novas possibilidades oferecidas pela ressurreição de Cristo nos convidam a olhar e entender a história de uma nova maneira. Na história humana, nem tudo são dados, cálculos e deduções. O futuro do ser humano não se reduz a projetos, programas e cálculos que, algumas vezes, geram otimismo e, outras vezes, geram pessimismo. O horizonte da esperança cristã transcende tudo o que pode ser projetado e preparado pelo ser humano. É por isso que a esperança que nasce do Cristo ressuscitado pode se manter e crescer "contra toda a esperança" (Rm 4,18), mesmo em tempos de crise, incerteza e pessimismo.

Com base nessa esperança cristã, qualquer momento da história é sempre um fragmento que ainda não contém toda a justiça, a libertação e a vida que a humanidade espera. Nunca estamos no "melhor dos mundos". Tudo pode ser melhorado, transformado e orientado para o futuro prometido na ressurreição de Cristo. A história ainda não acabou. A mudança, a transformação e a luta por um mundo mais humano são sempre possíveis.

3 A Igreja, comunidade de esperança

A Igreja dos dias de hoje tem "a responsabilidade da esperança", porque, antes de qualquer outra coisa, recebeu a missão de ser

26. MOLTMANN, J. *Teología de la esperanza*. Op. cit., p. 235-236.

"testemunha do futuro de Cristo"[27]. Antes do "lugar de culto público" e antes da "instância moral", a Igreja deve ser entendida como uma "comunidade de esperança".

Por isso, sua primeira missão é despertar a esperança no mundo. Nessa tarefa encorajadora, ela encontra sua verdadeira identidade, o que a torna uma "testemunha do Ressuscitado". A Igreja está presente na história para que a humanidade não ande sem esperança. E se a Igreja, vítima do desânimo, da covardia ou da mediocridade, não tiver forças para gerar esperança no mundo, na mesma medida, falhará em sua missão, porque "hoje a missão só realiza seu serviço se transmitir esperança aos homens"[28].

A vitalidade dessa missão depende, é claro, da esperança que é vivida nas comunidades cristãs. A esperança que os seguidores de Jesus professam não é uma virtude "individual" que cada um tenta alimentar por conta própria para despertar sua confiança em Deus. Ninguém pode esperar o Reino de Deus só para si mesmo. Ousar esperar pela "nova criação" significa sempre esperar que essa seja também para os outros e, junto com eles, para nós mesmos. Viver a esperança cristã não é buscar de maneira mesquinha e egoísta a própria salvação, mas compartilhar a esperança da Igreja de Cristo. Em todos os fiéis, "há um só corpo e um só Espírito, como também fostes chamados em uma só esperança da vossa vocação" (Ef 4,4).

Talvez seja necessária, antes de mais nada, uma revisão sincera da esperança que encoraja nossas paróquias e comunidades. Hoje somos o que afirmamos ser quando proclamamos nossa esperança? Se nossas comunidades se deixarem contagiar pelo pessimismo,

27. Ibid., p. 28.
28. HOEKENDIJK, J.D. *Mission-heute*, 1954, p. 12, apud MOLTMANN, J. *Teología de la esperanza*. Op. cit., p. 423.

pela angústia ou pela fadiga, quem escutará seu testemunho de esperança? Se as pessoas quase sempre nos veem imersos em nossos próprios problemas e nosso futuro, preocupados apenas com nossa segurança, angustiados com nossa própria subsistência, devemos nos fazer importantes perguntas: Quem inspira a vida dessa Igreja? O que mobiliza sua atividade? O instinto de conservação? A defesa dos próprios interesses? Onde está o Espírito do Ressuscitado, que precisa impulsionar a Igreja para um futuro mais humano e humanizador?

Dentro da Igreja, todos nós somos responsáveis pela esperança. Não adianta estar nela como "espectadores" indiferentes ou resignados a um "esvaziamento" do Espírito. Ainda mais prejudicial é a atitude daqueles que, com justificativas levianas, apenas condenam o pecado dos "outros", ignorando o chamado que o Cristo ressuscitado faz a todos nós à conversão e à esperança.

Para além de quaisquer divergências, tensões e conflitos, os seguidores de Jesus Cristo devem exigir mutuamente "esperança cristã": se a perdemos, perdemos o essencial. Nas paróquias, devemos cultivar com mais cuidado uma "pedagogia da esperança" na educação da fé; redescobrir a Eucaristia como "mistério pascal", porque nela o Ressuscitado se faz presente em sua comunidade com força vivificante[29]; recuperar o domingo como "dia da esperança", no qual as comunidades se colocam em contato sacramental com a ressurreição para se regenerar e recuperar a vitalidade; aprender a ouvir o Evangelho não como o testamento de um Mestre já morto, mas como "palavras de vida eterna" (Jo 6,68) do Cristo ressuscitado, que vive em meio à comunidade e é o "líder que nos leva à vida" (At 3,15).

---

29. Cf. o excelente estudo DURRWELL, F.-X. *La Eucaristía, sacramento pascual*. Salamanca: Sígueme, 1982.

4 Perfil da esperança cristã nos dias de hoje

A esperança cristã é a mesma ao longo dos séculos, mas adquire sua própria configuração em cada época, na medida em que é vivida em novas situações e enfrenta novas tentações. Apontarei apenas quatro características.

a) Enraizada em Cristo

A esperança hoje, como sempre foi, não é uma virtude de um instante. É o estilo de vida daqueles que enfrentam a vida "enraizada e edificada" em Jesus Cristo (Cl 2,6). A esperança se nutre dia após dia, "enraizando" nossa vida no Senhor. Eis seu verdadeiro segredo também nos dias de hoje. Tudo pode piorar, mas, "Ainda que o nosso exterior esteja se desgastando, o nosso interior está em plena renovação dia após dia" (2Cor 4,16). Não há de se buscar outros alicerces. A coesão na ortodoxia, o entrincheiramento no próprio gueto e as medidas disciplinares podem despertar alguma segurança, mas a esperança só brota do Senhor. "Contudo, veja cada um como constrói. Porque ninguém pode colocar outro alicerce além do que já está posto, que é Jesus Cristo" (1Cor 3,10-11).

b) Esperança arriscada

A esperança deve ser arriscada. "Hoje a realidade nos é apresentada de forma tão desproporcionada, que é difícil de ser transformada, mesmo por Deus"[30]. Parece-nos que o homem atual é incapaz de ouvir o chamado de Deus e responder à força transformadora introduzida pela ressurreição de Cristo na história. Parece-nos que nunca estaremos à altura da nossa esperança. Bem, os seguidores de

---

30. MOTTU, H. "Esperanza y lucidez". Art. cit, p. 309.

Jesus também se apegam ao nome de Deus hoje, obscurecido, desprezado e negado por muitos, mas adorado e reverenciado na fé: o "Deus da esperança" (Rm 15,13). Dele também nos chega hoje a promessa: "Eis que farei entrar em vós o espírito, e vivereis" (Ez 37,5).

c) Esperança crucificada

A esperança não é uma virtude própria de momentos fáceis. Pelo contrário, a esperança cristã se purifica, cresce e se fortalece em tempos de crise e incerteza. É uma "esperança crucificada". São justamente os momentos mais difíceis que nos oferecem as melhores possibilidades de viver a esperança com realismo. "Pois vos foi concedido, por amor de Cristo, não somente o crer nele, mas também o padecer por Ele" (Fl 1,30). Até os fracassos podem ser estimulantes. O fracasso é sofrido por quem se compromete. É por isso que pode ser um empurrão que nos faça reagir, corrigir erros e desânimos para continuar caminhando com a esperança colocada no Senhor, como Paulo. "Por essa causa, também sofro, todavia não me envergonho, porquanto sei em quem tenho crido" (1Tm 1,12).

d) Paciência no sofrimento

A esperança cristã se traduz em "paciência no sofrimento" (1Ts 1,3). Essa virtude tão necessária de persistência, coragem, perseverança inabalável, saber enfrentar a adversidade (*hypomoné*). Paulo pensa assim: "A dificuldade produz coragem; a coragem, qualidade; a qualidade, esperança, e essa esperança não decepciona, porque o amor que Deus tem inundado nossos corações pelo Espírito Santo que nos deu" (Rm 5,3-5).

O chamado à paciência é orientado em uma dupla direção. Em primeiro lugar, deve ser ouvida pelos "impacientes": aqueles que se angustiam diante de um mundo tão afastado de Deus; aqueles que não compreendem a paciência do Pai, que, respeitando a liberdade do ser humano, permitem que a história se desenvolva mesmo contra seus planos; aqueles que condenam em vez de evangelizar; aqueles que se desesperam em vez de orar; aqueles que julgam em vez de oferecer o "ministério da reconciliação" (2Cor 5,18). Em segundo lugar, o chamado à paciência deve ser ouvido pelos "resignados": aqueles que estão cansados ou vivem abatidos pelas decepções, pela inutilidade dos seus esforços, pelo aniquilamento da fé, pela resistência do homem moderno ao Evangelho[31].

5 Algumas tarefas de esperança na sociedade atual

Frequentemente, os cristãos são acusados de colocar os olhos na outra vida e se esquecer desta. Sem dúvida, é verdade que uma esperança incompreendida pode levar ao abandono da construção deste mundo. No entanto, a esperança na "nova criação" consiste, precisamente, em buscar e aguardar a plenitude e a realização plena desta terra. Ser fiel ao "futuro último" desejado por Deus significa ser fiel a este mundo até o fim, sem se desesperar diante de qualquer desejo e sem desapontar nenhuma aspiração verdadeiramente humana. Nessa perspectiva, indicamos algumas tarefas de esperança.

a) Abrir o horizonte

A esperança cristã é chamada a "abrir o horizonte" aos homens e às mulheres de hoje. A Vida é muito mais do que esta vida, a realidade é mais complexa e apaixonante do que o realismo quer nos fazer crer, os limites do possível não estão determinados pelos limi-

31. Cf. FALKENROTH, U. "Paciencia". In: *Diccionario Teológico del Nuevo Testamento III*. Salamanca: Sígueme, 1986.

tes do presente. Em meio à nossa história, às vezes tão medíocre e absurda, o verdadeiro futuro do ser humano está se formando.

Diante de uma "visão plana" da história, sem nenhum objetivo ou sentido, a esperança cristã leva a sério todas as possibilidades latentes da realidade atual. Precisamente porque queremos ser realistas e lúcidos, nós, seguidores de Jesus, encaramos a realidade como algo inacabado e "em processo", não aceitamos as coisas "como são", mas "como deveriam ser". É o ceticismo dos nossos dias que cai no irrealismo quando se apega à realidade, ignorando suas possibilidades e seu futuro.

Por outro lado, se reduzirmos tudo às "pequenas esperanças" desta vida, "que outro tipo de esperança pode haver, aqui e agora, para aqueles que sofrem, para os fracos, os derrotados, os velhos, para todos os que não fazem parte da elite?"[32] Que esperança pode haver para os que já morreram, para todos aqueles que, ao longo dos séculos, foram derrotados, humilhados, oprimidos e agora estão esquecidos? Que esperança podemos ter para nós mesmos, que não vamos demorar muito a fazer parte daqueles que não viram seus desejos, esperanças e aspirações realizados? Que sentido poderia ter uma vida eternamente inacabada e sem possibilidade de realização definitiva?

b) Criticar a absolutização do presente

Quem ama e espera o futuro de Cristo não pode "conformar-se" com a realidade como ela é hoje. Desfrutemos desta vida, mas continuemos desejando "novos céus e nova terra onde habita a justiça" (2Pd 3,13). A esperança gera "contradição" com a realidade, gera

---

32. GRESHAKE, G. *Más fuertes que la muerte* – Lectura esperanzada de los novísimos. Santander: Sal Terrae, 1981, p. 47-48.

protesto, liberta-nos de cair no ceticismo e na indiferença, desliga-nos disso tudo. Quando se espera e se ama a libertação, "as correntes começam a doer" (J. Moltmann). Quem vive da esperança cristã luta contra os "germes de resignação" presentes na sociedade moderna e luta contra a "atrofia espiritual" dos satisfeitos. "Essa esperança transforma a comunidade cristã em uma inquietação constante dentro das sociedades humanas que desejam se estabilizar e se tornar a "cidade permanente". Transforma a comunidade cristã em uma fonte de novos impulsos que nos incitam a concretizar aqui o direito, a liberdade e a humanidade à luz do futuro anunciado que há de vir"[33].

Essa crítica da esperança de uma "absolutização da vida vivida aqui e agora"[34] deve ser orientada, de uma maneira particular, em uma dupla direção. Em primeiro lugar, diante desse grito consumista que ouvimos na nossa sociedade: "queremos tudo, e queremos agora"; diante desse anseio por limitar a vida e reduzi-la ao desfrute do presente, a esperança cristã denuncia que o hedonismo não é o começo de um processo construtivo, que o homem hedonista "não é, espiritualmente, uma força motriz"[35]. Em segundo lugar, diante do sofrimento dos excluídos, a esperança cristã se recusa a aceitar a realidade que o sistema está tentando impor. A pobreza, o desemprego, a desigualdade, a humilhação, a fome e a morte em meio ao abandono não são fatos inevitáveis cujas existências devem ser aceitas como consequência do desenvolvimento econômico. Sempre é possível transformar a realidade em algo mais próximo do que será a "nova humanidade".

33. MOLTMANN, J. *Teología de la esperanza*. Op. cit., p. 27-28.
34. KÜNG, H. *¿Vida eterna?* Madri: Trotta, 1983, p. 309.
35. VEBLEN, T. *Why is Economics not an Evolutionary Science?*, apud FROMM. E. *La revolución de la esperanza*. México: FCE, 1968, p. 49.

c) Introduzir um sentido humano no progresso

A esperança cristã não é um "não" de mera resistência em meio à resignação generalizada de "escravos satisfeitos". É um "não" construtivo que nega o presente para construir uma realidade melhor. Os seguidores de Jesus se sentem instigados pela esperança de trabalhar incansavelmente para criar agora, na medida do possível e da melhor maneira possível, aquilo que sabemos que já está determinado na história humana como uma possibilidade prometida por Deus: uma sociedade realizada no amor fraterno, justiça e solidariedade com quem sofre. O que Jesus chamava de "Reino de Deus".

Portanto, a esperança cristã não é apenas uma "interpretação" teórica do mundo e da condição humana. É um esforço de transformação. Introduz na sociedade sede de justiça para todos e compromisso humanizador. O que significam as grandes palavras da Modernidade "liberdade", "direitos humanos", "emancipação", "democracia", "solidariedade" se tudo se reduz a um planejamento econômico que sacrifica os mais fracos e a um hedonismo insaciável que atrofia os privilegiados?

Com base na nossa esperança cristã, devemos combater esse uso pragmático da técnica, que se preocupa apenas com a eficiência e o desempenho e considera qualquer outro ponto de vista sobre a dignidade humana irrelevante e desinteressante. O futuro pode ser programado de maneira diferente, é possível dar uma "face mais humana" ao progresso. Devemos combater, acima de tudo, duas premissas desumanizadoras vigentes no sistema atual: que os fatos são objetivos, inquestionáveis, e que a prática econômica deve ser orientada exclusivamente em dados, sem considerar valores éticos nem suas consequências negativas para as pessoas.

6 Criatividade da esperança

Quem vive com esperança se sente impulsionado a fazer o que espera: o futuro que espera se torna um projeto de ação e compromisso. E esse compromisso é, precisamente, o que gera esperança no mundo. Como desencadear essa esperança na sociedade atual?

a) Diante de um "niilismo fatigado", confiança em Deus

Em grande parte, o "cansaço do Ocidente" tem sua raiz mais profunda na falta de fé em nós mesmos e na falta de confiança na vida. Se eliminar Deus, o ser humano se torna uma pergunta sem resposta, um projeto impossível, uma caminhada para lugar nenhum. Esse homem precisa do "Deus da esperança". No final de todos os caminhos, no fundo de todos os nossos anseios, dentro dos nossos questionamentos mais íntimos, não estará Deus como único Salvador possível? Aquele Deus de que muitos duvidam, a quem muitos abandonaram e pelo qual tantos continuam perguntando é, para os fiéis, "o fundamento último sobre o qual apoiar sua confiança radical na vida"[36]. A partir desse "Deus da esperança", os cristãos devem espalhar a confiança aos seres humanos hoje, apesar de todos os fracassos e decepções. A partir desse Deus, o homem pode se explicar como "um ser capaz de ter um projeto e um futuro"[37].

b) Diante do pragmatismo científico-técnico, a defesa da pessoa

O desenvolvimento técnico-científico só é humano se estiver a serviço das pessoas. Os projetos econômicos só são humanos se estiverem a serviço de uma sociedade mais justa, igualitária e solidária.

---

36. COELHO PIRES, J.L. *Nuestro tiempo y su esperanza*. Op. cit., p. 142.
37. Ibid.

Porém, quando certo "progresso" se torna um dogma incontestável e um critério único de medidas que marginalizam e mergulham os povos e os setores mais fracos na miséria, esse chamado "progresso" se torna um fator de opressão que mata a esperança dos pobres. Os seguidores de Jesus devem reagir sempre defendendo, em primeiro lugar, o valor das pessoas, que não se deve sacrificar nada nem ninguém e não ter medo de ir contra esse "progresso", uma vez que está deixando os pobres sem futuro. Essa defesa das pessoas "privadas de futuro" se traduz em esforços para introduzir objetivos mais humanos na produção, em direcionar os interesses coletivos em favor dos excluídos, em promover práticas de autolimitação (sobriedade coletiva) nos privilegiados.

c) Diante do individualismo, a solidariedade

As crises econômicas estão gerando, em alguns setores, individualismo e egoísmo: "Não importa que tudo permaneça como está, contanto que eu me dê bem". Cada setor reivindica os direitos do seu próprio grupo; não leva em conta a situação dos demais. Crescem o corporativismo e o egoísmo organizado. Os grandes valores, como amor, justiça e igualdade, são substituídos pelos interesses de cada um. Pouco a pouco, a esperança dos pobres vai se extinguindo. Somente a solidariedade pode revivê-la. Uma comunidade eclesial que vive seguindo Jesus pode se permitir ser desprezada pelos poderosos e pelos sábios, mas, se deseja manter esse caminho, não pode se permitir ser desprezada pelos pobres e pelos pequenos que não têm ninguém (Jo 5,7). Esses são os privilegiados da "comunidade da esperança".

d) Diante da indiferença, a misericórdia

A misericórdia foi banida. A sociedade progressista decretou que é proibido pensar no sofrimento das vítimas. O bem-estar exige um preço: o sacrifício dos mais fracos. Isso é tudo. Por outro lado, a organização efetiva da sociedade e o funcionamento eficiente das coisas estão reprimindo a "cultura do coração". A ternura, o acolhimento a cada pessoa e o carinho estão sendo banidos da sociedade. Não há lugar para compaixão. Mas onde não há coração a esperança não cresce. Os seguidores de Jesus devem despertá-la a partir de uma atitude de misericórdia e compaixão comprometida. Somente dessa maneira a esperança poderá nascer naquelas pessoas privadas de afeto, carinho e amor: idosos sozinhos, crianças sem lares verdadeiros, infratores sem apoio, mulheres maltratadas, esposas abandonadas, pessoas "sem saída" que andam sozinhas pela vida em direção à própria ruína.

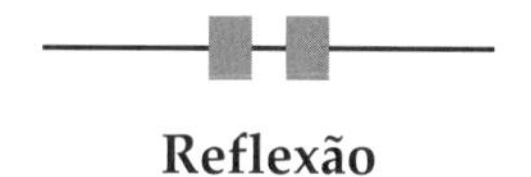

Reflexão

1) Com base na nossa paróquia ou comunidade, será que estamos vivendo em uma sociedade que precisa de esperança? Que sinais de desânimo observamos em nosso entorno? Como os membros da nossa comunidade estão nos afetando?

2) Também percebemos sinais de desânimo, pessimismo e decepção na nossa paróquia? Quais são as principais causas dessa situação?

3) O que poderia promover um clima comunitário diferente? Não deveríamos nos preocupar, especialmente nestes tempos, com a esperança nas nossas paróquias? Como?

4) Podemos utilizar o conteúdo deste capítulo para organizar alguma atividade? (Retiro sobre "a esperança cristã", conversar sobre "a paróquia como uma comunidade de esperança", conscientização do Conselho Pastoral ou do grupo mais comprometido).

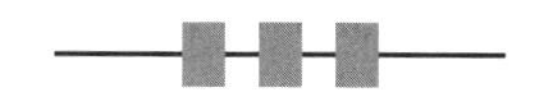

4
A Eucaristia, experiência de amor e de justiça

Ao falar da necessidade de renovar o encontro com Cristo ressuscitado em nossas paróquias e comunidades cristãs, dissemos que o lugar privilegiado dessa experiência é, sem dúvida, a celebração da Eucaristia dominical. Nessa Eucaristia dominical, as comunidades dos seguidores de Jesus celebram sua morte e sua ressurreição e o recebem como fonte de vida sempre renovada. Portanto, o Concílio Vaticano II afirma que é o centro vital da comunidade cristã. A constituição conciliar da liturgia – *Sacrosanctum Concilium* – faz essas duas afirmações fundamentais: a celebração da Eucaristia "é o centro e o auge de toda a vida da comunidade" (n. 5), é por isso que "não se constrói nenhuma comunidade cristã se essa não tiver como raiz e norte a celebração da Sagrada Eucaristia" (n. 6). Isso significa que, quando nós, fiéis, inventamos ou distorcemos o significado da Eucaristia, ou quando deturpamos seu conteúdo autêntico, corremos o risco de deformar e distorcer toda a vida da comunidade cristã.

Minha exposição terá três partes. Na primeira, tentarei mostrar brevemente como nossas ambiguidades e nossa mediocridade frustram a Eucaristia como sacramento central do amor, da solidariedade fraterna e da luta por justiça. Essa Eucaristia não constrói uma comunidade cristã. Pelo contrário, como disse muito bem J. von Allmen: "A ceia adoece a Igreja quando não é um lugar onde o amor é confessado e compartilhado, quando não lança os fiéis ao mundo para que deem o testemunho do Evangelho, quando não é o motivo poderoso do seu compromisso diaconal no mundo"[38].

Na segunda parte, tentarei descobrir como e por que a Eucaristia exige, para ser celebrada em toda a sua verdade, o compromisso do amor, da solidariedade fraterna e da luta pela justiça de Deus entre os homens. Sem pretender realizar um estudo exaustivo, analisaremos os aspectos fundamentais da Eucaristia, como a ceia do Senhor, a divisão do pão, a ação de graças, o memorial do Crucificado e a presença viva do Ressuscitado.

Por fim, apresentarei algumas sugestões simples para aprofundar o conteúdo específico da liturgia eucarística e a maneira de vivê-la todos os domingos como fonte de justiça e amor nas comunidades cristãs.

1 O fracasso da celebração eucarística

Não farei considerações a respeito da contradição das celebrações da Eucaristia quando a ceia do Senhor é politizada em um grau ou outro, quando se torna um gesto de afirmação diante de outros setores cristãos ou quando acaba sendo um evento militar, um ato de sociedade, uma homenagem ou um concerto musical. É evidente que essas celebrações pervertem a Eucaristia: o que se busca não é precisamente celebrar "o memorial" de Jesus Cristo, mas algo muito mais ambíguo e confuso.

---

38. Apud FERMET, A. *La Eucaristía* – Teología y praxis de la memoria de Jesús. Santander: Sal Terrae, 1980, p. 64.

Dessa forma, pensemos nas celebrações das nossas paróquias e comunidades cristãs com as quais estamos familiarizados. Certamente contêm grandes valores, mas também é possível detectar riscos de empobrecimento do conteúdo mais essencial da Eucaristia.

a) Fuga da vida real

André Fermet fala da "evasão cultual" como a primeira tentação dos cristãos que se reúnem aos domingos para celebrar a Eucaristia[39]. Segundo ele, a liturgia eucarística pode facilmente se tornar uma fuga da vida real: um refúgio que nos protege e nos defende da vida cotidiana, quase sempre cheia de problemas, tensões e conflitos com que lidamos durante a semana. É tentador nos reunirmos para celebrar a Eucaristia como uma forma de descansar da vertigem da vida moderna, encontrar nossos amigos, cantar juntos ao Senhor e sentir a satisfação de cumprir deveres religiosos que garantam nossa salvação.

De fato, em muitos cristãos, a sensibilidade é mais desenvolvida, impactando o rito e a dignidade da cerimônia no que diz respeito às exigências da celebração. Às vezes, incomoda-nos ou preocupa-nos que o padre celebre a Eucaristia sem seguir estritamente os regulamentos litúrgicos, mas não nos incomoda continuar celebrando a ceia do Senhor todos os domingos sem nunca repensar nossas atitudes diante dos marginalizados e excluídos em nosso entorno.

É curioso observar com que critérios valorizamos a "qualidade" da nossa Eucaristia, mesmo quando se faz um grande esforço para oferecer seu verdadeiro conteúdo. Chamamos de eucaristias "alcançadas" aquelas que alcançaram uma atmosfera calorosa, festiva

39. Ibid., p. 61-62.

e participativa, em oposição a outras celebrações mais entediantes e rotineiras. Corremos o risco de valorizar mais a experiência cultural do que a vida. Às vezes, preocupamo-nos mais em como dizer: "Senhor, Senhor" do que em "fazer a vontade do Pai do Céu" (Mt 7,21).

Às vezes, pensar que a graça do Sacramento da Eucaristia é um evento interior e invisível pode nos tranquilizar. Mas será que a graça deve tornar os sofrimentos e as necessidades das pessoas invisíveis? Podemos celebrar a ceia do Senhor ignorando as tantas injustiças que existem na sociedade entre felizes e infelizes, entre pessoas empregadas e desempregadas, entre ricos e pobres, entre poderosos e excluídos? Podemos celebrar o "memorial do Crucificado" indiferentes aos novos crucificados que prolongam sua presença entre nós? É possível tornar a comunhão eucarística com Cristo um sacramento de evasão, esquecimento ou indiferença diante do sofrimento que existe no mundo?

b) "A separação entre o sacramento do altar e o sacramento do irmão"

A expressão é do pensador ortodoxo Olivier Clément, que pede que a sociedade se livre dessa separação escandalosa e trágica entre o sacramento do altar e o sacramento do irmão, a fim de acabar com "a esquizofrenia de tantos cristãos que aos domingos se entregam ao êxtase (no Oriente) ou às boas intenções (no Ocidente) e depois, durante a semana, se entregam aos caminhos tortos deste mundo"[40]. Sempre corremos o risco de comungar com Cristo na missa sem nos preocuparmos depois em comungar com os irmãos; compartilhar o pão eucarístico, ignorando a fome de milhões de seres humanos privados de pão, justiça e paz; acreditar que podemos celebrar o

40. CLÉMENT, O. *Questions sur l'homme*. Paris: Stock, 1972, p. 133.

sacramento do amor sem rever nosso egoísmo individual e coletivo, nossa cegueira culpada, nossa apatia diante de situações sociais intoleráveis, nossa indiferença diante da humilhação sofrida pelos refugiados ou excluídos.

Uma e outra vez, caímos na tentação de dissociar o culto e a justiça, esquecendo que onde não há justiça e amor, não há adoração a Deus. Mais ainda: onde não há justiça, a tentativa de oferecer um culto a Deus, esquecendo os filhos que sofrem, torna-se um escárnio e um insulto ao Pai de todos.

O que significa uma paróquia reunida para celebrar a ceia do Senhor se não incluir um trabalho para erradicar as divisões dolorosas e as distâncias entre poderosos e fracos, entre ricos e pobres? Como o sacramento do amor pode ser levado a sério em uma comunidade que não leva a sério a desigualdade e a exclusão dos mais indefesos e esquecidos? Como a Eucaristia semanal pode ser celebrada se esquecermos os abusos, os enganos e as explorações entre os cristãos que se reúnem para compartilhar o mesmo pão? Que sentido pode haver em nos esforçarmos pela renovação litúrgica das nossas celebrações se essa não for acompanhada de um esforço ainda maior para renovar e humanizar esta sociedade injusta?

Os profetas de Israel condenaram veementemente a divergência que havia entre a adoração a Deus e uma vida de injustiças entre o povo escolhido. É inútil encobrir o sangue dos crimes com o incenso dos sacrifícios. Esse culto é abominável. Apenas alguns exemplos: Amós coloca estas palavras na boca de Deus: "Odeio, desprezo as vossas festas; e as vossas assembleias solenes não me exalarão bom cheiro. E ainda que me ofereçais holocaustos, ofertas de alimentos, não me agradarei delas; nem atentarei para as ofertas pacíficas de vossos animais gordos. Afasta de mim o estrépito dos teus cânticos, porque não ouvirei as melodias das tuas violas. Corra, porém, o juízo como as águas, e a justiça como o ribeiro impetuoso" (Am 5,21-24). Assim, podemos ler em Isaías: "As vossas luas novas, e as vossas solenidades, a minha alma as odeia; já me são pesadas; já estou cansado de as sofrer. Por isso, quando estendeis as vossas mãos, escondo de vós os meus olhos; e ainda que multipliqueis as vossas orações, não as ouvirei, porque as vossas mãos estão cheias de sangue. Lavai-vos, purificai-vos, tirai a maldade de vossos atos de diante dos meus olhos. Cessai de fazer mal, aprendei a fazer bem; procurai o que é justo; ajudai o oprimido; fazei justiça ao órfão; tratai da causa das viúvas. Vinde então..." (Is 1,13-18).

O fato de oferecermos o sacrifício do Filho de Deus crucificado, e não o de alguns novilhos gordos, não tira a força dessa denúncia dos profetas, pelo contrário, aumenta ainda mais a sua urgência. Será que nossas eucaristias são celebrações "abomináveis" para Deus?

c) A Eucaristia como tranquilizante

A prática rotineira da missa dominical pode se tornar, e de fato se torna com frequência, um falso tranquilizante, porque pode nos levar, quase sem percebermos, a esquecer a demanda por justiça e amor que isso implica. A satisfação do dever religioso cumprido muitas vezes entorpece a nossa consciência, em vez de estimular o amor comprometido em nós. Então, a Eucaristia se torna um "álibi religioso" que nos permite viver tranquilos em meio a uma sociedade injusta.

Essa Eucaristia não causa conversão. Não nos coloca em busca de Jesus. Não introduz nenhuma mudança na vida das nossas comunidades. Pelo contrário, inconscientemente, reafirma o que J.B. Metz chamou de "o *status quo* do nosso coração burguês". Encorajamos os cristãos a participarem da Eucaristia, mas há um grito que é pouco ouvido entre nós: "Cuidado com a Eucaristia!" Quando, nas comunidades cristãs, continuamos celebrando rotineiramente a Eucaristia vazia de fraternidade, de solidariedade e de trabalho por uma convivência mais justa, podemos estar ampliando um obstáculo religioso que nos impedirá de ouvir o clamor dos pobres e o chamado de Jesus, que nos encoraja a procurar, acima de tudo, o reino de sua justiça entre seus filhos.

2 A Eucaristia, exigência de amor e justiça

Vamos refletir sobre alguns aspectos essenciais da Eucaristia que nos permitirão descobrir as exigências de justiça e amor que sua celebração implica.

a) A ceia do Senhor

Paulo de Tarso chama a Eucaristia de "ceia do Senhor" (1Cor 11,21). Não há dúvida de que a Eucaristia cristã parte da ceia que o Senhor celebrou com seus discípulos na véspera de sua execução. Mas, como adverte J. Jeremias, "a última ceia" é apenas a última de uma longa lista de almoços e jantares que Jesus celebrou ao longo de sua vida, para que possamos dizer que a Eucaristia parte da comensalidade de Jesus e se enraíza nos costumes que Jesus tinha de celebrar refeições[41].

Essa atuação de Jesus nos lembra algo muito importante. O Profeta da Galileia não apenas promete em suas parábolas o Reino de Deus como um banquete ou uma festa final no seio do Pai, mas também o vive e o celebra já nesta terra como uma antecipação que

41. JEREMIAS, J. *La última cena* – Palabras de Jesús. Madri: Cristiandad, 1983.

se faz presente em suas refeições com todo tipo de pessoas. Nessa comunhão à mesa com Jesus, os discípulos já podem experimentar a festa da fraternidade dos filhos de Deus ao redor de seu Pai.

Assim, Jesus anuncia e antecipa o reinado de Deus celebrando um gesto humano que exige e significa fraternidade, comensalidade, acolhimento mútuo e amizade, pois o jantar não apenas nos nutre ou introduz calorias em nosso corpo. O Reino de Deus exige, antes de mais nada, fraternidade. Se Deus reina entre os homens, isso significa que os países poderosos não devem abusar dos países fracos, os ricos não devem oprimir os pobres, os homens não devem dominar as mulheres. Só podemos acolher a Deus como Pai se seus filhos se sentarem à mesa para compartilhar desta terra como irmãos.

Sabemos que os primeiros cristãos celebraram a Eucaristia no contexto de um ágape ou jantar. Foi o que ocorreu na cidade de Corinto no ano 55. Porém, esses jantares, em vez de serem um sinal de fraternidade, muitas vezes eram uma ocasião de divisão vergonhosa e desigualdade social. Não compartilhamos. Todo mundo se senta à mesa e apenas come sua comida. Enquanto alguns passam fome, outros ficam bêbados. Paulo de Tarso lhes fala claramente. Eles não entenderam a relação entre a Eucaristia e a ceia fraterna. O ágape se tornou uma ocasião de desprezo e zombaria para com os pobres. O que tinha que ser um sinal de fraternidade se tornou o contrário disso. Já não tem nada a ver com a Eucaristia. "De sorte que, quando vos ajuntais num lugar, não é para comer a ceia do Senhor" (1Cor 11,20).

Ao longo dos anos, a ceia eucarística evoluiu. O banquete foi adquirindo um caráter cada vez mais ritual, porém negligenciando a dimensão fraterna. No século II ocorre o que P. Jungmann considera a mudança mais importante da história da missa: a ceia é suprimida como apoio à celebração eucarística[42]. Hoje, quase não restam sinais dessa comensalidade em nossas missas, embora continuemos falando das toalhas de mesa, da mesa do altar ou dizemos: "Bem-aventurados os convidados a esta ceia". Mas o mais importante e crucial não é recuperar essa ceia ritual, e sim toda a força do simbolismo da ceia eucarística.

As comunidades cristãs dos nossos dias devem tomar muito mais consciência de que a celebração da Eucaristia é uma proclamação da fraternidade amada por Jesus e um lembrete das exigências da justiça do Reino de Deus. Como escreve o teólogo canadense J.-M.R. Tillard, o rito eucarístico, em seus elementos essenciais, "está orientado para a constituição da fraternidade humana"[43].

Mas vamos abrir os olhos. Quem somos os que nos reunimos para celebrar a ceia do Senhor? De onde viemos? Somos membros de uma sociedade organizada para satisfazer os desejos daqueles que têm poder econômico, e não para responder às necessidades dos mais fracos, onde aqueles que têm emprego olham com segurança para o futuro, enquanto os desempregados são esquecidos. Viemos de uma sociedade competitiva dominada pelo desejo de bem-estar e do máximo lucro possível e que ignora e exclui aqueles que não conseguem avançar ou competir com sucesso. Pertencemos a uma sociedade que exalta cada vez mais a felicidade baseada no "possuir" e esquece o estilo de vida simples e sóbrio que poderia nos levar a compartilhar mais nossos bens com os mais necessitados. Pertencemos a uma sociedade que valoriza as pessoas por sua

---

42. JUNGMANN, J.A. *El significado de la misa* – Tratado histórico-litúrgico. Madri: La Editorial Católica, 1963.
43. TILLARD, J.-M.R. "L'Eucharistie et la fraternité". In: *Nouvelle Revue Théologique*, 1969, p. 121.

capacidade de produção e desempenho e, consequentemente, marginaliza aqueles que não produzem.

Somos nós, os milhões de cristãos dos países do bem-estar, construtores e, ao mesmo tempo, vítimas dessa sociedade, que nos sentamos à "mesa do Senhor" cada um com seus interesses individuais e coletivos. E não percebemos como é absurdo uma Igreja que reúne na ceia do Senhor aqueles que produzem miséria, sofrimento e fome e aqueles que sofrem, são oprimidos e vítimas dessa opressão. O que está sendo celebrado nessas eucaristias quando não questionam a falta de solidariedade e a injustiça que divide a humanidade, e sim a refletem e reproduzem? Que fraternidade é promovida nessas eucaristias que são celebradas tanto nas igrejas ricas quanto nas igrejas pobres se, como diz J.B. Metz: "alguns cristãos, por persistirem em sua apatia, estão literalmente causando a morte de outros cristãos e companheiros de mesa da ceia eucarística todos os dias"?[44]

É essa realidade trágica que nos obriga a nos perguntar se isso é celebrar a ceia do Senhor ou simplesmente trair o significado da ceia fraterna instituída por Jesus. É o mesmo J.B. Metz que denuncia isso nos seguintes termos: "Se não me engano, hoje existe apenas uma 'divisão' real que ameaça a Igreja: a 'separação' que ocorre quando nós, os cristãos do Primeiro Mundo, rasgamos a toalha da mesa eucarística, separando-nos, portanto, com esse gesto, das igrejas pobres, ao não compartilhar de sua miséria e opressão"[45]. A ceia do Senhor nos chama hoje a trabalhar pela conversão desse "ser humano individualista" que a sociedade do Primeiro Mundo produz. Em vez de se tornar uma consagração da divisão e da falta de solidariedade que reina no mundo, nossa Eucaristia deve ser um lugar

---

44. METZ, J.B. *Más allá de la religión burguesa*. Salamanca: Sígueme, 1982, p. 44.
45. Ibid., p. 88.

de consciência e discernimento. Uma celebração responsável que ajuda nossas comunidades a "examinar, pois, o homem a si mesmo, e assim comer deste pão e beber deste cálice. Porque o que come e bebe indignamente, come e bebe para sua própria condenação, não discernindo o corpo do Senhor" (1Cor 11,28-29).

Hoje, esse discernimento só será possível se aprendermos a ver e julgar a nós mesmos com os olhos das nossas próprias vítimas e se formos capazes de descobrir à custa de quem nosso bem-estar aumenta e é garantido. A ceia do Senhor, celebrada de maneira lúcida e responsável todos os domingos, clama à Igreja universal e a toda comunidade cristã por uma espécie de "revolução" de fraternidade e solidariedade entre os povos.

b) A fração do pão

A Eucaristia é designada nos Atos dos Apóstolos como uma "fração do pão". Essa expressão vem de um conhecido costume judeu. Tratava-se de um ritual doméstico que dava início às refeições em família. O chefe da família, sentado, pegava o pão e recitava uma bênção ou ação de graças a Deus. Então partia o pão com as mãos e distribuía os pedaços entre os que estavam sentados à mesa. É o rito que Jesus realiza na última ceia.

Ao compartilhar os pedaços do mesmo pão, a comunidade à mesa é efetivamente constituída diante de Deus. O pão compartilhado é o símbolo da união e da solidariedade de quem o compartilha. Assim as palavras de Paulo à comunidade de Corinto são entendidas: "Por haver um único pão, nós, que somos muitos, somos um só corpo, pois todos participamos de um único pão" (1Cor 10,17). Dessa maneira, esse rito enfatiza e aprofunda ainda mais o que a ceia do Senhor simboliza: fraternidade e solidariedade entre aqueles que dela participam.

Temos que salientar ainda outro aspecto que às vezes não é suficientemente atendido. Jesus aparece nos evangelhos como um "servidor" que realiza diversos gestos de serviço: atenção aos doentes e desamparados, libertação dos possuídos pelo mal, acolhimento dos pecadores à sua mesa... É especialmente Lucas quem apresenta Jesus na última ceia como "servidor": "Quem é mais importante, quem se senta à mesa ou quem a serve? Por acaso, não é quem se senta à mesa? Eu, porém, entre vós sou como aquele que serve" (Lc 22,27). Este aspecto é importante: Jesus, o Mestre, celebra a última ceia servindo. Essa ceia como um ato de serviço de Jesus é uma síntese do que foi toda a sua vida e do que será a sua morte: entrega e serviço à humanidade. Nós, que nos sentamos à mesa para compartilhar a Eucaristia, devemos nos levantar com uma atitude de serviço àqueles que podem precisar de nós.

Lembremo-nos, por seu profundo significado, da lavagem dos pés. O Evangelho de João não narra a última ceia. Em vez disso, descreve Jesus lavando os pés dos discípulos em uma cena que se assemelha à que acabamos de ler em Lucas: "Eu, porém, entre vós sou como aquele que serve" (Lc 22,27). Muitas interpretações foram dadas para explicar o silêncio de João. Hoje, a pesquisa bíblica oferece uma pista realmente esclarecedora. X. Léon-Dufour acredita que existem, nas comunidades primitivas, duas tradições no que diz respeito à última ceia: uma tradição cultural, que descreve o clamor do Senhor por celebrar a ceia, e uma tradição testemunhal, que descreve a despedida de Jesus e seu testemunho de amor e serviço, que conferem um conteúdo verdadeiro e completo à ceia. Os evangelhos sinóticos e a Primeira Epístola aos Coríntios salientam o aspecto cultural, enquanto o Evangelho de João enfatiza o aspecto testemunhal[46].

---

46. LÉON-DUFOUR, X. La fracción del pan – Culto y existencia en el Nuevo Testamento. Madri: Cristiandad, 1983.

Hoje, os seguidores de Jesus são convidados a celebrar a ação litúrgica da ceia e a viver o serviço ao irmão. Nas nossas paróquias e comunidades, somos convidados a cuidar desses dois aspectos inseparáveis e complementares da experiência cristã: a ceia, que é compartilhar fraternalmente o pão como um dom do Senhor, e o serviço aos mais humildes e necessitados. Viver seguindo Jesus implica ouvir os dois mandamentos: "Fazei isto em memória de mim" (a ceia); "Eu vos dei exemplo, para que, como eu vos fiz, façais vós também" (o serviço). A ceia do Senhor é celebrada compartilhando o mesmo pão e servindo aos necessitados.

De fato, esse era o ideal das primeiras comunidades cristãs. "Os que criam mantinham-se unidos e tinham tudo em comum: vendendo suas propriedades e bens, distribuíam a cada um conforme a sua necessidade. Todos os dias continuavam a reunir-se no pátio do templo. Partiam o pão em casa e juntos participavam das refeições, com alegria e sinceridade de coração" (At 2,44-46). A comunidade que parte o pão é uma comunidade na qual os bens são compartilhados e colocados a serviço dos necessitados. A fração do pão simboliza o compartilhamento dos bens e o serviço aos necessitados.

Quando, no século II, o ágape é suprimido da celebração eucarística, os cristãos não abandonam a prática do serviço e da ajuda aos necessitados. A Eucaristia não é apenas uma liturgia, mas também um ato social em que os cristãos colocam seus bens à disposição dos necessitados. São Justino diz que cada um leva o que tem para ajudar "aos órfãos e às viúvas, àqueles que, por doença ou por outra causa, estão necessitados, àqueles que estão na cadeia, aos forasteiros e, em definitivo, aos que estão passando por necessidades"[47].

---

47. SAN JUSTINO. *Apología en defensa de los cristianos*, p. 66-67.

Celebrar a Eucaristia é colocar os próprios bens a serviço dos outros. Nessas comunidades, o diácono (em grego, "servidor") não era apenas uma figura litúrgica, mas também a pessoa encarregada de coletar as oferendas dos fiéis e depois distribuí-las aos necessitados. Tertuliano, Santo Agostinho e São Cipriano lembrariam constantemente esta dimensão da Eucaristia. Cito apenas algumas palavras deste último a uma cristã acomodada: "Seus olhos não veem os necessitados e os pobres porque estão obscurecidos e cobertos por uma noite espessa. Você é sortuda e rica. Imagine celebrar a ceia do Senhor sem considerar a oferenda. Você vem à missa sem oferecer nada. Suprime a parte do sacrifício que pertence aos pobres".

Hoje, a celebração da Eucaristia exige que nossas comunidades abram os olhos e entendam melhor os pobres que vivem na nossa sociedade e as massas famintas que habitam em países miseráveis. E também conheçam melhor o seu mundo de problemas e necessidades, mas não de uma forma distante, com dados e estatísticas, mas por meio do contato mais próximo possível e do relacionamento humano.

Temos que nos perguntar como vamos celebrar "a fração do pão" em um mundo dilacerado por esse abismo cada vez maior entre ricos e pobres; como celebrar a Eucaristia em uma sociedade em que a crise econômica está causando uma divisão cada vez mais profunda entre aqueles que vivem seguros e os que se afundam na pobreza. Podemos continuar compartilhando o pão eucarístico com tranquilidade sem compartilhar as consequências da crise econômica: gastando nosso dinheiro sem qualquer controle, porque a crise não nos afeta, e dando atenção apenas às nossas necessidades, quando vemos nossos interesses em perigo? Podemos compartilhar o pão da Eucaristia com tranquilidade sem compartilhar o nosso com os “novos pobres”: jovens sem futuro profissional, trabalhadores fadados ao desemprego ou a aceitar empregos malpagos e precários?

Não olhamos para os outros. Os ricos chamados a compartilhar seus bens com os necessitados somos nós, que participamos da Eucaristia, porque, em suma, rico é quem ainda tem mais do que precisa, enquanto ao seu lado há irmãos que não têm o indispensável. Nesse sentido, as coletas que são feitas nas missas por diversas necessidades são de grande importância na celebração da Eucaristia, mas desde que não transformemos esse dinheiro em um falso “quase sacramento de solidariedade e simpatia” (J.B. Metz) que nos permita continuar vivendo apenas para aumentar nosso bem-estar.

O pão da Eucaristia que compartilhamos como cristãos em todo o mundo deve nos nutrir para espalhar a justiça e o amor, e não para buscar o próprio bem-estar, de forma egoísta. Essa Eucaristia cristã que, em lugares pobres, é chamada a sustentar a esperança daqueles que não têm pão, casa e trabalho dignos, deve nos levar a um processo de libertação, não da nossa pobreza, mas da nossa riqueza e bem-estar abundantes; a uma libertação não da nossa miséria, mas daqueles ideais internalizados de sempre ter e consumir mais; a uma libertação não dos nossos sofrimentos, mas da nossa indiferença.

c) A ação de graças

A ceia do Senhor não era chamada de “Eucaristia” ou “Ação de graças” até o início do século II. Mas, como é sabido, o rito da fração do pão e a distribuição do vinho são sempre acompanhados, nas refeições judaicas, pela sua bênção correspondente ou ação de graças a Deus. Os relatos da ceia falam dessas duas bênçãos que Jesus pronuncia: primeiro, antes de partir o pão e, depois, ao terminar a ceia, antes de distribuir o cálice. Mais tarde, nas comunidades cristãs, essas duas prédicas se fundem em uma única ação de graças, que dá origem à oração eucarística dos nossos dias.

A bênção a Deus, ou Beraká, é talvez a característica mais relevante da oração judaica. Para os israelitas, tudo é motivo de "bênção", de louvor e agradecimento a Deus. A "bênção" é um grito de admiração, "bendito seja Deus" e, em seguida, uma exposição do motivo concreto que causa a ação de graças. Essas "bênçãos", que permeiam a vida cotidiana do judeu, criam todo um estilo de experiência religiosa, em que a ação de graças ocupa o centro.

Na ceia do Senhor respira-se essa atmosfera de bênção e louvor a Deus, e a Eucaristia, de fato, foi estruturada, em sua parte central, como uma grande oração de ação de graças, na qual louva-se o Pai por seu grande dom, que é Jesus Cristo morto e ressuscitado para a nossa salvação. "Agradecemos-te, Deus, por teu amado filho, Jesus Cristo" (oração de Hipólito). Os cristãos de hoje devem recuperar a atitude de bênção e ação de graças em nossa experiência religiosa.

Por que é tão importante recuperar a ação de graças? Quando Deus é percebido como um ser ameaçador, temível e perigoso, diante do qual é melhor agir com cautela, a experiência desse Deus dá origem a uma religião na qual o importante é nos protegermos diante dele, não transgredir seus mandamentos, reparar nossas ofensas, cumprir estritamente nossos deveres religiosos e, assim, garantir nossa salvação contra suas possíveis reações. Muitas eucaristias de caráter individualista ainda se alimentam dessa atitude religiosa que considera a missa um ato de cumprimento de um preceito, um sacrifício expiatório pelos nossos pecados, uma oferenda dos méritos de Cristo pelos falecidos, uma obtenção de favores...

Quando, pelo contrário, Deus é percebido como Criador e Pai bom, amigo do ser humano, amor infinito, mistério de misericórdia... sua contemplação provoca uma experiência religiosa na qual predominam o louvor, a bênção, a ação de graças e a adoração prazenteira. Portanto, o importante é cantar a glória de Deus e contemplar suas obras com gratidão. Somente se recuperarmos a Eucaristia em toda sua profundidade como louvor e ação de graças ao Pai, poderemos reavivar toda a fraternidade, justiça e solidariedade que ela contém.

E o motivo é simples: para viver em ação de graças é necessário olhar para a terra como um presente de Deus e recebê-la com gratidão. "Tudo é vosso", como Paulo de Tarso disse. Ou seja, tudo vem do único Criador e Pai, que nos dá o mundo para que possamos compartilhá-lo. Não pertence a ninguém, não é uma propriedade privada. Por isso, quando os seres humanos monopolizam injustamente os bens desta terra, estão negando-a como um dom do Pai. Não posso dar graças a Deus se, com minha propriedade privada, "privo" os outros irmãos daquilo que precisam para viver e lhe nego o desfrute dos dons do Criador.

A Eucaristia como ação de graças a Deus tem uma dimensão sociopolítica, pois exige uma redistribuição justa dos bens da terra. Uma ação de graças ao Pai que provém do coração de seres humanos e de povos que excluem outros irmãos da festa da vida não é legítima. Que clima diferente se respirava na eucaristia do século II que São Justino descreve: "Nós, que temos bens, ajudamos os necessitados e estamos sempre unidos uns aos outros. E, por tudo o que comemos, sempre agradecemos ao Criador por todas as coisas".

É por isso que o canto de ação de graças não tem que ressoar em nossas eucaristias para nos impedir de ouvir os gritos, as dores, a miséria e a fome de tantos homens e mulheres[48] aos quais negamos

48. Ibid., p. 66-67.

uma vida digna e humana. É uma zombaria entoar cânticos e pronunciar orações eucarísticas de agradecimento a Deus pela vida que nos dá em Cristo, enquanto continuamos negando-a aos nossos irmãos.

d) Memorial do Cristo crucificado

A Eucaristia é "memorial" do Cristo crucificado. Esse aspecto é essencial para evitar o risco de reduzir a ceia do Senhor a meras refeições de um grupo de amigos. "Quando a comunidade já não celebra o sacrifício de Cristo e não se compromete, só o que faz é se reunir para comer com alguns amigos"[49]. "Memorial" é uma expressão de rico conteúdo bíblico que significa, fundamentalmente, uma celebração que lembra, comemora e atualiza um evento do passado que agora está presente na celebração de uma comunidade. Recordemos o banquete pascal que os judeus celebravam como um "memorial" por excelência da libertação do povo da escravidão no Egito.

Os primeiros cristãos celebravam a ceia do Senhor como um "memorial" de Jesus: "Fazei isto em memória de mim" (Lc 22,19; 1Cor 11,24). Ao celebrar a Eucaristia, celebramos o acontecimento salvador expresso naquela ceia: a entrega de Jesus à morte. O que Jesus faz na última ceia é reafirmar sua obediência e fidelidade ao Pai em total solidariedade com o ser humano que necessita de salvação. É isso que as palavras de Jesus expressam: "Esta é a minha vida. E eu vos dou". "Isto é o meu corpo, que será entregue por vós". "Este é o meu sangue, que é derramado por vós". Jesus reassume toda a sua vida de entrega e amor solidário a toda a humanidade. Compromete-se até o fim. Aceita o conflito, o risco total, o sacrifício de sua vida. Como observado por H. Schürmann,

---

49. FERMET, A. *La Eucaristía*... Op. cit., p. 26.

"dar seu corpo" e "derramar seu sangue" são termos usados para expressar a morte martirial[50].

Devemos estar conscientes de que não fomos redimidos por meio de um ato litúrgico, mas pela entrega real de Jesus vivida dia após dia até sua execução na cruz. O que salvou o mundo não foi uma liturgia celebrada em um templo, mas a execução de um homem que se tornou insuportável para os poderosos deste mundo devido ao seu amor pelos pequenos e excluídos. Como disse E. Schillebeeckx: "O Gólgota não é uma liturgia eclesial, mas uma parte da vida humana"[51]. Jesus nos disse: "Nunca me esqueçais. Lembrai-vos de mim assim: entregue totalmente a vós para trazer-vos a salvação do Pai". Quando comungamos com Jesus na Eucaristia, comungamos com alguém que viveu e morreu "totalmente entregue" aos demais. Por isso, é uma contradição grave comungarmos com Ele pela manhã e depois vivermos durante o dia encerrados em nosso egoísmo.

A celebração da Eucaristia nos convida a entregar nossas vidas da mesma forma que Jesus fez. "Recordar" a entrega radical de Jesus nos convida a compreender melhor o significado da nossa solidariedade com os outros e o radicalismo com o qual devemos vivê-la. Gustavo Gutiérrez disse o seguinte: "Recordar a Cristo é mais do que realizar um ato cultual: é aceitar viver sob o signo da cruz e na esperança da ressurreição. É aceitar o significado de uma vida que foi ceifada pelas mãos dos grandes deste mundo devido ao seu amor pelos demais"[52]. O "memorial" do Crucificado nos convida a

---

50. SCHÜRMANN, H. *El destino de Jesús*: su vida y su muerte. Salamanca: Sígueme, 2013, p. 211-240.
51. SCHILLEBEECKX, E. *Dios, futuro del hombre*. Salamanca: Sígueme, 1970, p. 107.
52. GUTIÉRREZ, G. *Teología de la Liberación* – Perspectivas. Salamanca: Sígueme, 1972, p. 341.

viver a solidariedade e a defesa dos mais necessitados arriscando nossa própria vida até o conflito e a cruz.

O "memorial" do Crucificado exige compromisso e luta, não apenas por nossas próprias reivindicações, mas pelos direitos e pelas aspirações dos mais necessitados, e não apenas teoricamente, mas em situações e conflitos concretos. Não podemos celebrar o "memorial" de um Crucificado se não arriscamos nossa própria segurança pela mesma causa pela qual Ele morreu. Saberemos que estamos unidos ao Crucificado, acima de tudo, quando sentirmos em nossa própria carne as reações, as críticas e as rejeições daqueles que não estão interessados na vida dos pobres nem nas demandas do projeto humanizador do Reino de Deus. Como podemos celebrar o "memorial" do Crucificado se nunca arriscamos nossa segurança em defesa dos indefesos ou não estamos dispostos a sofrer injustamente, em vez de colaborar com a injustiça? Como podemos recordar o Crucificado se não sofremos com aqueles que hoje são martirizados e crucificados?

É um valor inegável compartilhar mais nossos bens com os pobres como uma exigência da ceia do Senhor; mas a ausência de cruz e conflito com aqueles que impõem uma ordem injusta de coisas nos obriga a nos perguntar se não falta audácia na Igreja para seguir o Crucificado. A grande contradição da nossa eucaristia é que lembramos e anunciamos a cruz ao mesmo tempo em que evitamos a paixão.

e) A presença do Ressuscitado

Os relatos pascais frequentemente descrevem a experiência do encontro com o Ressuscitado no contexto de uma refeição (Lc 24,41; Jo 21,9-13; Mc 16,14). Pedro dirá: "Comemos e bebemos com Ele depois que ressuscitou dos mortos" (At 10,41). O relato de Emaús é particularmente significativo, pois constitui uma espécie de transição entre a presença pascal do Ressuscitado e sua presença sacramental na Eucaristia. Levemos em conta que os discípulos reconhecem o Ressuscitado "ao partir o pão", expressão usada para designar a ceia eucarística.

Esses e outros indícios levam os pesquisadores a afirmar que a Eucaristia aprofunda a experiência do encontro vivo com o Ressuscitado. Os cristãos não celebravam uma mera repetição da última ceia como um banquete de despedida a Jesus. Na Eucaristia o Senhor se faz presente, o que já está compartilhando a vida gloriosa do Pai. É a ressurreição de Cristo que possibilita sua presença real, viva e ativa na celebração eucarística. Sem a ressurreição do Senhor não é vã e vazia apenas a nossa fé, mas também nossas eucaristias.

Por isso, não é de se estranhar que a tradição cristã tenha atribuído à Eucaristia a condição de um *paschale mysterium*, ou mistério pascal. F.-X. Durrwell diz que a "Eucaristia é uma forma permanente de aparição pascal"[53]. Jesus ressuscita sacramentalmente para nós na ceia eucarística. Por isso, a Eucaristia alimenta a esperança e a fé dos fiéis e os encoraja a seguirem o Crucificado. Esquecer a dimensão pascal da Eucaristia seria como suprimir a esperança cristã. O Cristo ressuscitado é oferecido a nós hoje como pão compartilhado para a vida eterna. "Quem come a minha carne e bebe o meu sangue tem a vida eterna" (Jo 6,54).

Este aspecto pascal da Eucaristia, além de não eliminar a força do que temos dito sobre o serviço, a dedicação, o esforço e a luta a favor dos mais necessitados, também lhe confere sua verdadeira profundidade e horizonte, pois a ressurreição de Jesus nos revela

---

53. DURRWELL, F.-X. *La Eucaristía, sacramento pascual.* Op. cit., p. 47.

que Deus é alguém que coloca a vida onde os homens colocam a morte. Portanto, entrar na dinâmica de Cristo ressuscitado significa lutar pela vida e enfrentar a morte em todas as suas formas. Se celebrarmos a Eucaristia encorajados pela ressurreição de Cristo, devemos nos sentir chamados a nos fazer presentes onde há morte, miséria, fome, genocídio ou escravidão para lutar pela vida. A Eucaristia nos chama a nos fazer presentes onde o ser humano é destruído para lutar por uma vida mais saudável, mais digna e mais plena.

Portanto, ao celebrar a Eucaristia, devemos nos perguntar se estamos do lado daqueles que crucificam ou daqueles que são crucificados, do lado daqueles que matam e destroem o ser humano ou daqueles que "morrem" de alguma forma para defender os crucificados. Uma vida entregue ao serviço dos mais necessitados e em defesa dos crucificados é a melhor expressão da celebração de uma Eucaristia que é "memorial da morte e da ressurreição" de Jesus (Oração II).

3 Celebrar a Eucaristia como fonte de justiça e amor

À luz do que temos dito, agora podemos especificar mais a forma de celebrar a Eucaristia todos os domingos em nossas paróquias e comunidades como fonte de justiça e amor.

a) A liturgia do perdão

Geralmente, consideramos o "ato penitencial" com o qual a celebração eucarística começa como um ritual de entrada ou preâmbulo que nos permite adentrarmos na celebração de uma maneira "mais digna": pedimos perdão para, purificados, aproximarmo-nos do Senhor.

No entanto, essa liturgia penitencial já pode ser um momento importante, porque nos coloca em contato com nossa vida real de injustiça, desamor e falta de solidariedade e nos lembra as contradições que existem entre nossa celebração cristã e nosso comportamento cotidiano.

Nós, que comparecemos à Eucaristia, somos pecadores e vamos celebrar a ceia do Senhor, que se sentava à mesa com "publicanos e pecadores". Essa liturgia inicial nos conscientiza dos nossos pecados e nos ajuda a não perverter o significado da celebração. Desde o início, devemos considerar a Eucaristia como um lugar de perdão, mas também, e precisamente por isso, como uma experiência que nos ajuda a nos redimirmos das nossas injustiças e a realizar nosso compromisso cristão.

b) A liturgia da Palavra

Não é hora de ouvir nossos interesses egoístas, nossas justificativas ou nossa indiferença, mas a Palavra de Deus, que sacode nossa consciência e pode promover uma profunda mudança em nossas vidas.

Essa liturgia da Palavra sempre culmina com a leitura do Evangelho, quando somos lembrados da mensagem e da ação de Jesus, que nos convidam a acompanhá-lo. A escuta sincera dessa Palavra nos abre a possibilidade de a Eucaristia ser um verdadeiro "memorial" de Cristo, uma lembrança viva de sua pessoa e sua mensagem, a acolhida do seu Espírito e um convite a segui-lo.

Ouvir a Boa-nova de Jesus significa nos perguntarmos que luz ela lança sobre nossas vidas individual e coletiva, que compromisso concreto assumimos, que esperança pode despertar hoje nos pobres e deserdados da terra. Ouvir o seu Evangelho nos ajuda a discernir com que atitude e compromisso de amor e justiça compartilharemos da ceia do Senhor e comungaremos com o Ressuscitado.

c) A oração dos fiéis

Esta oração de toda a comunidade de fiéis reunida para celebrar a Eucaristia nos permite evocar as injustiças, os abusos, os conflitos, a marginalização e a miséria que desumanizam as pessoas e os povos.

Não é Deus quem precisa ser informado de todo esse sofrimento. Somos nós que temos que tomar consciência disso. Não é Deus quem precisa mudar, reagir e "fazer alguma coisa" por esses homens e essas mulheres; somos nós, a comunidade reunida para celebrar a Eucaristia, que precisamos mudar e nos aproximarmos desse sofrimento com uma atitude prestativa e solidária.

Nesta oração devemos lembrar os setores, os grupos e as pessoas para os quais podemos agir diretamente, mas também os países e os povos que estão mais distantes de nós, mas que devem fazer parte das nossas preocupações e da nossa luta. Essa "oração dos fiéis" força a comunidade cristã a adotar uma postura aberta e solidária para com os "crucificados" da terra, impedindo que se torne uma "seita" que celebra sua própria eucaristia, exclusivamente preocupada consigo mesma e com seus interesses.

d) A apresentação das oferendas

Antigamente, esse era o momento em que os fiéis ofereciam suas oferendas e seus bens que mais tarde seriam compartilhados para ajudar os mais pobres e necessitados. Hoje, oferecemos de maneira ritual o pão e o vinho, "fruto do trabalho dos homens", mas também "sinais" que evocam os conflitos, as lutas e os enfrentamentos entre eles. Os homens lutam e competem por pão e trabalho. Os povos se enfrentam pelo seu bem-estar. Os mais fortes e mais poderosos exploram os mais fracos. Muitos ficam sem pão, sem trabalho e sem dignidade.

Na liturgia eucarística, oferecemos o pão e o vinho com a fé e a esperança de que se transformem em "pão da vida" e "bebida da salvação". Essa esperança se tornou realidade em Jesus Cristo, mas também deve se tornar realidade nas nossas vidas. A coleta das oferendas pode ser um momento para compartilhar algo nosso com os mais necessitados, mas deve ser, acima de tudo, um gesto que nos incentive a repensar nosso padrão de vida e a dividir mais os nossos bens.

e) A oração eucarística

A "oração eucarística" é composta por ação de graças e louvor ao Pai. Mas, como dissemos, essa atitude só é possível quando a vida e tudo o que há no mundo são vistos como um presente do Criador. Isso exige disponibilidade e esforço reais para alcançar uma redistribuição mais justa dos bens da terra. Não podemos "elevar nossos corações" a Deus e nos unirmos a toda a criação em um cântico de louvor e ação de graças se tivermos uma atitude egoísta e acumuladora.

Por outro lado, na "oração eucarística", lembramo-nos de Jesus e de seu gesto de entrega radical: "Isto é o meu Corpo, que será entregue por vós", "Isto é o meu sangue, que é derramado por vós". O núcleo da Eucaristia é essa doação de Jesus, cujo compromisso com os mais necessitados, os pecadores e os humilhados era tão concreto e incondicional, que sua própria vida se viu comprometida.

Jesus dá a vida pelo estabelecimento do Reino de Deus; isto é, pela construção de um mundo onde se imponha a justiça desse

Deus, que só pode reinar entre os homens fazendo justiça àqueles aos quais ninguém faz. Um reino que um dia alcançará sua plenitude no seio do Pai. Celebrar o "memorial" do Crucificado é recordar e atualizar esse compromisso radical com o reino. É por isso que precisamos nos perguntar até que ponto podemos dizer com Ele: "Esta é a minha vida, que é entregue pelos outros".

Precisamente por isso, na "oração eucarística", a ação do Espírito é solicitada para transformar a comunidade: para "que nos reúna na unidade" (Oração II), libertando-nos da nossa falta de solidariedade; para que faça de nós uma "oferenda permanente" (Oração III), libertando-nos do nosso egoísmo acumulador; para que sejamos "uma vítima viva do louvor" do Pai (Oração IV) e não crucificadores dos nossos irmãos.

A Oração Vb (Jesus, nosso caminho) expressa-se nestes termos tão significativos: "Dá-nos entranhas de misericórdia diante de toda miséria humana, inspira-nos com o gesto e a palavra apropriados diante do irmão solitário e desamparado; ajuda-nos a estar disponíveis para aqueles que se sentem explorados e deprimidos. Que a sua Igreja, Senhor, seja um lugar de verdade e de amor, de liberdade, de justiça e de paz, para que todos possam encontrar nela uma razão para manter suas esperanças".

f) A Comunhão

A Comunhão não faz sentido se não for uma demanda concreta de amor e justiça. O ritual começa com a oração do Pai-nosso, recomendada por Jesus. Toda a comunidade invoca Deus como Pai com uma atitude de fraternidade e reconciliação, pedindo a Deus a vinda do reino e a realização da sua vontade entre os homens. Por isso, não pedimos bem-estar para nós, mas o pão diário para todos. Com essa atitude fraterna, devemos nos aproximar para receber o Senhor.

O "gesto de paz" torna mais visível essa atitude fraterna exigida pela comunhão. Desejamo-nos a paz do Senhor. Paz que só é possível na justiça, na solidariedade e no amor. Se damos as mãos, é porque estamos dispostos a dar uma mão a todos aqueles que possam precisar de nós. Se nos damos o abraço da paz é porque não queremos excluir ninguém do nosso amor solidário. Levantarmos-nos do nosso lugar, aproximarmo-nos para compartilhar o mesmo pão e comungar com o mesmo Senhor é um gesto vazio se não expressar nossa vontade de construir uma "nova humanidade", mais justa e reconciliada.

O silêncio e a oração após a comunhão devem servir para que o mistério da celebração penetre profundamente em nós e nos encoraje a seguir Jesus Cristo com mais fidelidade.

g) Domingo, dia de amor e esperança

O domingo é chamado assim porque é o dia do Senhor (*dies dominica*), ou seja, o dia em que, desde os primeiros tempos, os cristãos se reúnem para celebrar a ressurreição do Senhor. Segundo o Vaticano II, "este dia do Senhor é o fundamento e o núcleo de toda a vida litúrgica" (Constituição da Sagrada Liturgia 106).

Mais do que uma obrigação individual e particular de cada cristão, celebrar o domingo é o dever e a missão de toda a Igreja, que é chamada a testemunhar a esperança que o Senhor ofereceu a toda a humanidade. Sem essa celebração semanal da ressurreição de Cristo, a esperança da Igreja se enfraqueceria. Nesse sentido, entendem-se as palavras de Emérito, aquele cristão do século III que, acusado perante o procônsul da reunião ilegal, diz o seguinte. "É verdade, celebramos o dia do Senhor na minha casa. Não podemos viver sem celebrar o domingo".

Todo domingo, os cristãos alimentam sua fé e cantam sua esperança incansável e indestrutível em meio a uma sociedade às vezes triste e desencantada. Por isso, o domingo é o dia da assembleia cristã. Durante a semana, vivemos dispersos, imersos nos nossos trabalhos, ocupações e problemas. Mas, no domingo, deixamos tudo para nos encontrarmos, "reunirmos" e formarmos juntos a Igreja, que celebra Jesus Cristo. Essa assembleia dominical é o que permite que a Igreja se torne visível, semana após semana, em meio à sociedade.

Portanto, essas reuniões dominicais não deveriam se limitar a um grupo de cristãos que cumprem seu dever religioso de forma isolada, mas uma verdadeira assembleia de cristãos na qual, semanalmente, a comunidade é renovada e cresce. A Igreja não "organiza" missas para colocá-las à disposição daqueles que desejam cumprir suas obrigações religiosas. As paróquias celebram a Eucaristia todos os domingos porque precisam alimentar sua fé, crescer em fraternidade e anunciar sua esperança no Cristo ressuscitado.

Daí a importância de a Eucaristia dominical ser realmente uma experiência central na vida da paróquia ou da comunidade, um incentivo a seguir fielmente a Jesus Cristo, fonte de amor fraterno e solidário, renovação do compromisso com a justiça do Reino de Deus e encorajamento de esperança no Ressuscitado.

Reflexão

1) Em nossa paróquia, sabe-se bem o que a celebração eucarística de domingo significa para uma comunidade? Desde quando não acontece uma catequese (palestras, retiros, cursilhos) sobre a Eucaristia?

2) Será que não precisamos promover na nossa paróquia ou comunidade um plano para renovar a Eucaristia dominical: conhecimento da Eucaristia, sua importância para uma comunidade cristã, a celebração de cada parte, atualização e criatividade (acolhimento, participação, cantos, gestos...)?

3) Este capítulo fala extensivamente das exigências práticas de uma Eucaristia celebrada em toda a sua verdade (amor fraterno, solidariedade, compromisso com uma sociedade mais justa, acolhimento e defesa dos necessitados...). Não seria possível utilizar seu conteúdo para organizar atividades simples para aumentar a conscientização da comunidade?

4) Na seção "Celebrar a Eucaristia como fonte de justiça e de amor" não pode ser útil para preparar uma conversa simples para ajudar a viver a Eucaristia no domingo?

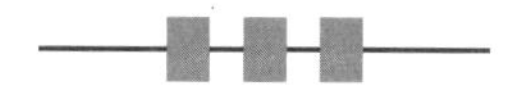

5
Orar com o Espírito do Senhor

Neste capítulo sobre a oração pretendo apenas sugerir maneiras de recuperar ou melhorar nossa comunicação com Deus. Não quero ignorar as dificuldades reais, pessoais e ambientais, em que a pessoa que deseja cuidar de sua vida de oração se encontra. Por isso, quero fazer minha exposição de forma humilde e realista, mas também positiva e construtiva. No fundo de toda a minha exposição existe uma dupla convicção.

A vida moderna parece impor condições desfavoráveis à oração. No entanto, hoje, como sempre, é possível se comunicar com Deus. O importante é saber descobrir que oração pode fazer parte do dia a dia das mulheres e dos homens de hoje: uma oração simples e sincera que reflita os medos, as contradições, os desejos e as esperanças dos nossos tempos.

Por outro lado, nos últimos anos, muitas pessoas eliminaram a oração da sua vida ou a reduziram a algo insignificante, mecânico e rotineiro. Porém eu estou convencido de que uma pessoa que quase esqueceu as orações aprendidas quando criança e que ficou muda e surda durante anos diante de Deus, incapaz de se comunicar com Ele, pode recuperar o hábito da oração. Sei também que poucas pessoas que rezam rotineira e tediosamente há muito tempo podem reavivar suas orações e aprender a se comunicar com o Deus encarnado em Jesus com mais alegria e confiança.

Vou seguir um itinerário muito simples na minha exposição. Começarei mostrando que, no âmago de todas as pessoas, existem caminhos que podem levar à oração e ao encontro com Deus. Indicarei algumas características básicas da oração cristã que nascem da experiência de viver Deus como Pai: dialogar com um Deus pessoal, com a confiança de filhos de Deus, da responsabilidade de sentir todos como irmãos. Em seguida, exporei brevemente a única oração que Jesus deixou como herança para seus seguidores e que hoje chamamos de "Pai-nosso". Depois, apresentarei algumas sugestões para ajudar aqueles que há muito tempo abandonaram as orações a recuperar seu relacionamento com Deus. E terminarei dando algumas orientações práticas que podem ajudar todos nós a reavivar nossa comunicação com Deus[54].

1 A oração como um fato humano

Não é minha intenção descrever o fenômeno da oração em diferentes culturas e religiões, mas mostrar como, no âmago do ser humano, abrem-se caminhos para a oração e o encontro com Deus.

a) Do grito à busca por Deus

O homem é um ser carente. Não é totalmente o que quer ser. Sempre tende a ser, quer ser, mas não consegue alcançar. Precisa que "algo" ou "alguém" responda às suas necessidades. Quando se sente carente, o ser humano grita: "Estou com fome, estou com sede, estou com medo, quero amor, estou agoniado, estou morrendo".

---

54. Este capítulo também pode ser lido e trabalhado como uma continuação e aprofundamento do capítulo "Recuperando a espiritualidade de Jesus" do meu livro anterior *Anunciando a Deus hoje como uma Boa-nova*. Madri: PPC, 2016, p. 175-209.

Esse grito também é um chamado. Não procuramos apenas o que nos falta: pão, água, segurança e vida. Nosso grito é direcionado ao outro; procuramos alguém que possa nos dar o que precisamos. Não somos suficientes para nós mesmos e procuramos a ajuda de alguém que possa nos oferecer o que precisamos para viver e ser nós mesmos.

E tem mais. O ser humano grita sua necessidade, chama alguém que possa ajudá-lo, e então esse grito e esse chamado se articulam em prol dessa necessidade. O ser humano pede. Esse é o fato básico. Reconheçamos ou não, somos mendigos, vivemos pedindo.

Mas o ser humano não precisa apenas de coisas, produtos e soluções para seus diferentes problemas. No fundo, e a despeito de suas necessidades, percebe um grande vazio, que nada nem ninguém é capaz de resolver facilmente. O ser humano precisa de "salvação". Podemos mascarar esse vazio, ignorá-lo ou negá-lo; podemos escondê-lo atrás de mil necessidades satisfeitas. Mas o vazio existe, e a necessidade de salvação também. Quando alguém percebe isso, seu grito se torna uma súplica a Deus: "Das profundezas a ti clamo, ó Senhor. Senhor, escuta a minha voz" (Sl 130,1).

Quem ora pode concentrar sua atenção nas coisas de que precisa; pode inclusive fingir que sua oração é uma espécie de receita mágica para atender às suas necessidades e resolver seus problemas. Mas também podemos aprofundar nossa necessidade de salvação e transformar nossa petição em um ato de total confiança no mistério de Deus como o último salvador: o Senhor é a minha força e o meu cântico, e se fez a minha salvação" (Sl 118,14). "Confio na tua misericórdia, o meu coração se alegra com a tua salvação" (Sl 13,6).

Este pedido confiante pode nos levar, pouco a pouco, ao encontro com Deus. E, aos poucos, nossos pedidos não se concentrarão tanto no que precisamos, mas no Deus que sempre nos acompanha como amigo, salvador e fonte do nosso ser. E então o coração do orante busca Deus por si mesmo; busca sua presença silenciosa, amistosa e salvadora. Pedimos a Deus o que precisamos, mas os pedidos nascem de uma confiança e uma busca radicais por aquele Deus que está nos salvando.

b) Da alegria de viver ao louvor

Existe outra maneira de chegarmos a Deus. A vida não é apenas necessidade. Também é alegria, desfrute e expansão. A vida também é impulso, dinamismo e criatividade. Essa expansão é tão humana quanto o desejo e a necessidade. O canto, a celebração, a festa, a criatividade, a arte, a dança, o amor e o prazer são experiências diferentes da "alegria de viver", da alegria de ser, do sentimento de afirmação, da plenitude e da alegria que experimentamos em tantos momentos felizes.

Essa "alegria de viver" não é uma experiência que nos encerra em nós mesmos. Ela nos empurra a nos abrirmos ao outro e nos comunicarmos. É a tristeza que retrai o ser humano, que o encerra em si mesmo e o isola. Na alegria há sempre abertura para os outros; disposição, comunicação. A alegria se dá e se recebe. O ser humano precisa demonstrar sua alegria e agradecer a alguém. É por isso que a pessoa que sente a vida interior aprecia experiências concretas e agradece a pessoas específicas. A vida é feita de pedidos e agradecimentos.

Mas para onde direcionar a gratidão por ser e por viver? A quem posso agradecer pela existência? Do coração do ser humano pode nascer uma imensa gratidão, mas não pela vida de forma abstrata, e sim por aquele que é a fonte e a origem de todo o bem:

"Tu és o meu Deus. E eu te louvarei" (Sl 118,28). Não é apenas ação de graças por experiências, fatos ou bens concretos. Percebemos o mistério de Deus como fonte de vida, graça e presente. Então nasce em nós o louvor, o reconhecimento de sua grandeza e sua bondade salvadora: "Senhor Deus meu, Tu és magnificentíssimo" (Sl 104,1); "Louvarei ao Senhor durante a minha vida" (Sl 146,2). Enquanto eu viver, louvarei a Deus: "Toda a minha vida te abençoarei" (Sl 63,5).

c) Da queixa à confiança

Há outro caminho que pode nos levar a Deus. Não é um caminho luminoso, mas escuro e difícil. Frequentemente, a vida é conflito, dor, ruptura e sofrimento. O ser humano se sente dilacerado pelas doenças, desgraças, injustiças e crueldades da vida. O canto da vida é quebrado em mil pedaços pelas adversidades da vida. E então surgem a queixa, o protesto, o gemido, a rebelião, a impotência, a dor, sentimentos que tudo isso nasce do sofrimento: Por que eu? Por que agora? Por que tanto assim?

Essa queixa pode ser muito concreta e precisa: Por que este câncer? Por que a morte do ser mais amado? Por que este desencontro com a pessoa amada? Mas a queixa pode ser mais profunda. O ser humano não é feito para sofrer. Sua pátria não é dor, é felicidade. É então quando nossa queixa pode ser feita a Deus: "Senhor, por que estás tão longe? Por que te escondes em tempos de angústia?" (Sl 10,1). Onde está agora esse Deus percebido tantas vezes como graça e bondade salvadora? "Por quanto tempo andarei com o coração angustiado o dia todo?" (Sl 13,3).

Quando a queixa é dirigida a um Deus percebido até então como amor, chegam a confusão, a dúvida e a contradição, mas a confiança também pode surgir. Não pode ser Deus quem nos envia esse mal ou quer o nosso mal. Ele pensa apenas no nosso bem. Ele quer e busca apenas o nosso bem. A queixa é então acompanhada pela confiança. Nosso sofrimento não desaparece. O conflito persiste. A dor continua nos angustiando, mas, do interior do nosso coração sofrido, pode surgir a oração confiante: "Sou pobre e infeliz, mas o Senhor cuida de mim" (Sl 40,18). "Tu estás perto, ó Senhor" (Sl 119,151). O mal não terá a última palavra: "Volta-te para mim e tem misericórdia de mim, pois estou só e aflito. As angústias do meu coração se multiplicaram; liberta-me da minha aflição" (Sl 25,16-17).

d) Da culpa ao acolhimento do perdão

Grito de necessitado, alegria de viver, protesto contra a dor. A essas três experiências devemos acrescentar outra: a culpa. Um novo caminho que parte dos confins mais sombrios do nosso ser, mas que pode nos levar a uma união nova e alegre com Deus.

Geralmente, o ser humano se sente culpado. Não é feito para agir de qualquer maneira. E quando age contra sua consciência, ele se sente culpado de alguma forma. É inútil ignorar isso. Todos nós vivemos a experiência da culpa: o sentimento de contradição, descontentamento comigo mesmo, desgosto, mal-estar interior, indignidade, censura, impotência, necessidade de ser de outra maneira. Todos esses sentimentos configuram a culpa.

Podemos tentar evitar e ignorar nossos sentimentos de culpa. Podemos projetar nossa própria culpa nos demais: os outros sempre são responsáveis por tudo. Podemos resistir a assumir nossa própria responsabilidade. No entanto, esses mecanismos não resolvem tudo. A culpa ainda está lá, no âmago do ser humano. Mas podemos seguir outro caminho: ouvir, nas profundezas da nossa culpa, o anseio por perdão. Precisamos de perdão, reconciliação, recuperação da inocência, paz consigo mesmo e com os outros, paz com Deus.

É o que o fiel faz quando implora a misericórdia de Deus: "Não te lembres dos pecados da minha mocidade, nem das minhas transgressões; mas, segundo a tua misericórdia, lembra-te de mim, por tua bondade, Senhor" (Sl 25,7). Pedimos perdão por pecados muito específicos, mas também pedimos perdão, compreensão, acolhimento e salvação totais: "Por tua imensa compaixão, apagai a minha culpa" (Sl 51,30). Essa busca pela misericórdia de Deus não é uma fuga sutil de mim mesmo nem da minha responsabilidade, mas a melhor maneira de encarar a vida novamente com lucidez e espírito renovado: "Teu amor leal, Senhor, me amparou!" (Sl 94,18) e me faz viver. "Deus, cria em mim um coração limpo" (Sl 51,12). "Olhai minhas obras e minhas tristezas e perdoa meus pecados" (Sl 25,18).

e) Da descrença à esperança

Todas essas experiências conduzem e se resumem a uma: o ser humano percebe, de várias maneiras, sua inconsistência, fragilidade e finitude. Não somos o que queremos ser, não possuímos o que desejamos, não podemos nos dar tudo o que buscamos. Sempre encontramos o limite, a impotência, a insegurança e a descrença.

Podemos viver muito tempo distraídos, enchendo nossas vidas com todos os tipos de atividades, projetos e planos. Mas não é fácil silenciar todas as perguntas que surgem repetidamente nas profundezas do nosso ser: Quem sou eu? O que era antes de nascer? O que me espera no final de tudo? Podemos então suprimir essas perguntas, esquecer nosso mundo interior e viver sozinhos. Também podemos cair na resignação, no pragmatismo ou no cinismo: "A vida são dois dias". Também podemos nos afundar no desespero e no niilismo.

Mas podemos seguir outro caminho: libertarmo-nos da descrença e abrirmo-nos ao mistério final da vida, entregarmo-nos com confiança ao mistério de Deus em uma atitude de esperança: "Senhor, o que me resta? Tu és minha esperança" (Sl 39,8). Reconhecer Deus não como uma força externa e distante, mas como o Criador de quem recebemos a vida. Sentirmo-nos sustentados e reafirmados por Ele em nosso próprio ser. "Desde sempre e para sempre, Tu és meu Deus" (Sl 90,2). "O Senhor sustenta a minha vida" (Sl 54,6). Então nos é dado o dom da esperança: "Não me entregarás à morte [...] me mostrarás o caminho da vida" (Sl 16,10-11).

2 A oração cristã

A oração é a primeira reação que se desperta no fiel diante da presença do mistério. É por isso que a oração ocupa um lugar central em todas as religiões. Mas não se ora da mesma maneira em todas as religiões. Existe a oração islâmica, que invoca os nomes de Alá; existe a meditação budista, que busca o estado de nirvana; existem ritos e orações nas religiões primitivas. Existe também uma oração cristã, que tem características próprias.

a) Invocar a Deus como Pai

Esta é a característica mais original e prazenteira da oração cristã. Provém do próprio Jesus, que nos ensinou a invocar a Deus como Pai, com a confiança de filhos, porque realmente somos: "Quando orardes, dizei: 'Pai'" (Lc 11,2). Vamos destacar alguns aspectos que nos ajudam a entender melhor qual é a atitude da oração cristã diante de Deus, seu Pai. Eles podem nos ajudar a não deturpar a oração cristã com elementos estranhos que podem enfraquecer e obscurecer nossa relação filial com Deus.

Diálogo com um Deus pessoal. A oração do cristão sempre se dirige a um Deus pessoal. Mistério transcendente e santo, mas também

Mistério de amor pessoal, concreto, atento aos desejos e necessidades do ser humano. Os seguidores de Jesus se comunicam com "Alguém" com um rosto pessoal, um "Tu". Nossa invocação, ação de graças, reclamações e louvores, pedido de perdão ou adoração sempre buscam "a face" de um Deus pessoal.

Essa é uma característica que devemos cuidar e valorizar de uma maneira muito especial. Uma meditação de estilo oriental que termina apenas em um estado de quietude e paz interior ainda não é um encontro cristão com Deus, nosso Pai. Uma internalização que leva à "imersão" no "oceano" do mistério cósmico ou à "fusão" com o Todo contém grandes valores, mas não é a oração cristã. Por outro lado, o "vazio mental" ao qual se chega por meio de certas técnicas não possuirá esse impulso cristão se não nos levar a Deus, nosso Pai.

O mesmo acontece com tantos exercícios físico-psíquicos, técnicas respiratórias, posturas, ritmos, danças e expressões corporais que, sem dúvida, têm grande valor curativo e terapêutico para que as pessoas alcancem a paz interior, a harmonia e o equilíbrio. Podem nos preparar para a comunicação cristã com Deus, mas não devem ser confundidos com a oração que nascia do coração de Jesus para o Pai. É bom aprender a respirar de certa maneira e com certo ritmo, mas isso ainda não é um encontro com aquele Deus Pai dos pobres que se preocupa especialmente com aqueles que "não conseguem respirar" porque não têm pão, casa ou esperança.

A oração dos Salmos, feita de súplicas ardentes, invocações confiantes e desejo de Deus, guia-nos para o clima adequado para a oração cristã e nos prepara para um diálogo com um Deus pessoal. "Olhai para mim e tende piedade de mim, porque estou solitário e aflito" (Sl 25,16); "O teu rosto eu busco, Senhor; não escondais de mim a tua face" (Sl 27,8-9); "Sempre te darei graças [...] Tu és bom!"

(Sl 52,11)[55]. Os exercícios, métodos e caminhos são muito valiosos para um cristão quando o levam a um encontro pessoal mais vivo com Deus.

Com a confiança de filhos. Orar a um Deus Pai é invocá-lo sempre com confiança de filhos. Essa é a atitude essencial que devemos cuidar, aprofundar e desenvolver, sem medo. Jesus sempre se dirigiu a Deus chamando-o com confiança de *Abba*, Pai querido. *Abba* é um termo aramaico usado principalmente por crianças pequenas para chamar seu pai. É por isso que Paulo de Tarso diz à comunidade de Roma: "Porque não recebestes o espírito de escravidão, para outra vez estardes em temor, mas recebestes o Espírito de adoção de filhos, pelo qual clamamos: *Abba*, Pai" (Rm 8,15).

Nós, cristãos, não oramos a um Deus afastado e distante, frio ou indiferente. Dirigimo-nos a um Pai que "sabe o que precisamos antes de pedir-lhe" (Mt 6,8). Um Pai que nos ama infinitamente: "Se vós, pois, sendo maus, sabeis dar boas coisas aos vossos filhos, quanto mais vosso Pai, que está nos céus, dará bens aos que lhe pedirem?" (Mt 7,11). O que precisamos pedir são "coisas boas". Essa oração confiante não é fácil, precisamente porque precisa ser simples. Devemos nos colocar diante de Deus com a sinceridade e a simplicidade de uma criança. Não brincar de ser grandes, tirar as "máscaras" e confiar em seu amor misericordioso.

Quero lembrar aqui a mensagem de uma mulher, declarada há alguns anos doutora da Igreja: Teresa de Lisieux. Surpreende e comove a audácia de sua confiança na infinita misericórdia de Deus: "Por meio dela [a misericórdia], contemplo e adoro as demais perfeições divinas [...]. Então, todas se apresentam a mim radiantes de

---

55. Permito-me recomendar meu livro *Salmos para rezar desde la vida*. Madri: PPC, 2015.

amor, inclusive a justiça (e talvez seja ainda mais do que todas as demais) apresenta-se coberta de amor"[56]. Essa justiça não tem nada a ver com os tribunais humanos. É a justiça de um Pai que é amor e "infinita misericórdia".

Mais adiante, Teresa de Lisieux continua: "Sei que é preciso ser muito puro para aparecer diante de Deus de toda santidade, mas também sei que o Senhor é infinitamente justo. E essa justiça, que assusta tantas almas, é justamente o que constitui a razão da minha alegria e da minha confiança [...]. Precisamente porque é justa, compreensiva e misericordiosa [...], lembra-nos de que somos barro". Teresa se alegra ao pensar na justiça de Deus: "Que alegria pensar que Deus é justo; isto é, que leva em consideração nossas fraquezas [...]. Sendo assim, do que vou ter medo? O Deus infinitamente justo, que se dignou a perdoar com toda bondade todas as culpas do filho pródigo, não será justo comigo também?

De acordo com G. Bernanos, o famoso escritor francês, esse convite de Teresa de Lisieux a confiar totalmente na misericórdia de Deus não é apenas mais uma receita de "confeitaria devota", mas "uma das mensagens mais misteriosas e urgentes que o mundo já recebeu"[57]. Uma mensagem que vem do próprio Jesus, embora muitas vezes tenha sido esquecida por seus seguidores.

A responsabilidade de sentir todos como irmãos. Orar a um Deus Pai não infantiliza. De fato, Jesus não é uma criança caprichosa, fraca e infantil. Jesus, dócil ao Pai, é um homem responsável que vive sua missão até o fim. Orar ao Pai responsabiliza perante a vida.

---

56. L'ENFANT JÉSUS, M.-E. *Ton amour a grandi avec moi* – Un génie spirituel: Thérèse de Lisieux. Venasque: Ed. du Carmel, 1987, p. 245.
57. BERNANOS, G. *Le crépuscule des vieux*. Paris: Gallimard, 1956, p. 119.

Deus não está conosco para que recorramos a Ele quando precisarmos, como um "seguro" fácil que nos protege da dureza e dos problemas da vida. A oração cristã não é para "seduzir" a Deus e fazê-lo mudar e realizar nossos desejos. Oramos precisamente para mudar a nós mesmos, ouvindo os desejos de Deus. Não pedimos a Deus que mude sua vontade para se ajustar à nossa. Pedimos que "seja feita a sua vontade", que é, em última análise, o bem real do ser humano.

Mais ainda. Invocar a Deus como Pai é sentir todos como irmãos. Deus Pai é o melhor fundamento, motivo e estímulo para viver a fraternidade e se preocupar em construir um mundo mais fraterno. Não oramos a Deus como "meu Pai", mas como "nosso Pai": Pai de todos, sem excluir ninguém. Um Deus grande e universal, que ama a todos. Jesus disse: "Amem os seus inimigos e orem por aqueles que os perseguem, para que vocês venham a ser filhos de seu Pai que está nos céus. Porque Ele faz raiar o seu sol sobre maus e bons e derrama chuva sobre justos e injustos (Mt 5,44-45).

Por outro lado, invocar a Deus como Pai não significa que os seguidores de Jesus cultivem uma concepção paternalista ou protecionista de Deus. Menos ainda em uma sociedade que internalizou a mensagem de Sigmund Freud sobre a necessidade de "matar o pai" para alcançar a verdadeira maturidade. Invocar a Deus como Pai a partir do espírito de Jesus não é uma "neurose infantil" que castra seus seguidores, mas uma fonte de autonomia, liberdade e responsabilidade para trabalhar por um mundo mais humano, mais digno e feliz para todos: que Jesus chamava de "Reino de Deus".

Invocar a Deus como Pai não deve nos levar a cultivar o domínio do masculino e do patriarcal sobre o feminino e o maternal. É verdade que Jesus chama Deus de *Abbá*, Pai querido, mas Ele o experimenta como um Deus com as "entranhas de mulher". Na sua língua materna, ele chama isso de "*rahum*"; isto é, um Deus que tem "entranhas de mulher" (*rahamim*). Alguns pensam que a mensagem que está implícita na linguagem de Jesus é: "Deus sente por seus filhos o que a mãe sente pela criatura que carrega em suas entranhas".

Quando, seguindo a Jesus, invocamos Deus como "Pai bom", depositamos nossa confiança no Mistério supremo que encoraja e sustenta toda a realidade como "Mistério de amor". Obviamente, não atribuímos a Deus nenhuma qualidade sexual. Deus pode ser invocado como Pai ou como Mãe. Portanto, acho que seria enriquecedor para nós, cristãos, invocá-lo como Pai e como Mãe, ampliando nossa linguagem exclusivamente patriarcal. Provavelmente, ajudaria muitos a viver uma experiência mais rica e íntima do Mistério de Deus.

3 A Oração de Jesus

O "Pai-nosso" é uma oração breve, concisa e direta que, sem dúvida, surpreendeu aqueles que estavam acostumados a orar com a linguagem solene que era habitual no Templo. É a única oração que Jesus deixou como herança para seus seguidores. É uma oração estranha. É rezada por todos os cristãos, mas não fala de Cristo. É rezada em todas as igrejas, mas a igreja não é mencionada. É utilizada para pedir pelos mortos, mas nenhuma palavra é dita sobre os mortos ou sobre a vida após a morte, o céu ou o inferno. Os católicos a pronunciam na Eucaristia do domingo, mas não dizem nada sobre a Eucaristia ou os sacramentos.

O "Pai-nosso" é uma oração em que Jesus nos revela sua experiência mais íntima de Deus e sua preocupação com o mundo. Também revelam-se os grandes desejos que pulsavam em seu coração e os gritos que dirigia ao Pai nas horas de silêncio e oração. Como disse John Dominic Crossan, é uma "oração revolucionária" que proclama uma nova visão da história. É "um manifesto radical e um hino de esperança para toda a humanidade em uma linguagem direcionada a toda a terra"[58].

A oração de Jesus chegou até nós em duas versões ligeiramente diferentes. Aqui, seguiremos a mais longa, oferecida por Mateus, pois é a rezada nas comunidades cristãs. A estrutura da oração é muito simples. Começa com uma invocação ao Pai dos céus. Depois, Jesus expõe três grandes desejos centrados no projeto do Reino de Deus. Em seguida, faz quatro pedidos ao Pai, que dizem respeito às necessidades mais urgentes do ser humano.

a) Invocação inicial

Jesus começa criando uma atmosfera de confiança e intimidade que deve permear toda a oração: "Pai nosso, que estais nos céus". Este é o seu desejo: ensinar os homens a orar como Ele, sentindo-se filhos amados pelo Pai e irmãos solidários de todos. Invocamos o "Pai dos céus". Deus não está ligado ao Templo de Jerusalém nem a nenhum outro lugar sagrado. Não pertence a um povo ou uma raça privilegiados. Não é propriedade de nenhuma religião. Todos nós podemos invocá-lo como Pai.

b) Os grandes desejos de Jesus

• *"Santificado seja o vosso nome."* Não é um simples pedido. É o primeiro desejo de Jesus, que nasce das profundezas do seu ser, é sua aspiração mais ardente: "Que vosso nome de 'Pai' seja reco-

---

58. CROSSAN, J.D. *Cuando oréis, decid: "Padre nuestro..."* Santander: Sal Terrae, 2011, p. 12.

nhecido e respeitado. Que todos possam conhecer a bondade e a força salvadora que contém. Que ninguém o ignore ou o despreze. Que ninguém o profane, prejudicando seus filhos. Que os nomes de todos os deuses e ídolos que nos desumanizam sejam banidos. Que todos abençoem vosso nome como um Pai bom".

• *"Venha a nós o vosso reino."* Esta é a paixão que inspira toda a vida de Jesus: "Que vosso reino abra caminho no mundo. Que tuas boas-novas cheguem aos pobres. Que aqueles que sofrem sintam tua força libertadora. Enche o mundo com tua justiça e tua verdade, com tua compaixão e tua paz. Que os ricos não subjuguem os pobres, que os poderosos não abusem dos fracos, que os homens não dominem as mulheres".

• *"Seja feita a vossa vontade assim na terra, como no céu."* Este desejo, que só aparece em Mateus, apenas reforça os dois anteriores, comprometendo-se ainda mais com o projeto humanizador de Deus: "Que seja feita a tua vontade, e não a nossa. Que teus desejos sejam realizados, porque só queres o nosso bem. Que, em toda a criação, seja feito o que Tu buscas, não o que os poderosos da terra desejam. Que este mundo justo e fraterno que desejas para todos os teus filhos se torne realidade entre nós o quanto antes".

c) Os grandes pedidos pela humanidade

• *"O pão nosso de cada dia nos dai hoje."* Jesus agora invoca o Pai identificando-se com as necessidades mais básicas dos seres humanos: "Dai a todos nós todo o alimento de que precisamos para viver. Que não falte pão a ninguém. Não pedimos dinheiro ou bem-estar abundantes para nós, não queremos acumular riquezas, apenas o pão de cada dia para todos. Que os famintos possam comer, que teus pobres parem de chorar e comecem a sorrir, que possamos vê-los viver com dignidade".

• *"Perdoai-nos as nossas ofensas, assim como nós perdoamos a quem nos tem ofendido."* Esta é a tradução literal que foi modificada na liturgia atual. Temos uma dívida com Deus. Este é o nosso grande pecado: não responder ao amor de Deus acolhendo seu reinado entre nós: "Perdoai as nossas ofensas, o imenso vazio da nossa falta de resposta ao teu amor. Precisamos do teu perdão e da tua misericórdia. Ao fazer esse pedido, queremos perdoar aqueles que estão em dívida conosco. Não queremos alimentar ressentimentos ou desejos de vingança contra ninguém. Queremos viver como irmãos".

• *"Não nos deixeis cair em tentação."* Somos fracos e vivemos expostos a todo tipo de riscos e perigos que podem arruinar nossas vidas. O mistério do mal nos ameaça. Jesus nos ensina a orar ao Pai assim: "Não nos deixeis cair na tentação de rejeitar definitivamente teu reino e tua justiça. Dai-nos a tua força. Não sejamos derrotados nesse teste. Que, em meio à tentação, possamos contar com a tua ajuda de Pai.

• *"Livrai-nos do mal."* Este pedido final, que só consta em Mateus, reforça e culmina toda a oração. O mal está sempre presente com todo o seu poder. Jesus nos convida a não viver com medo, mas sempre confiando no Pai: "Livrai-nos do mal. Somos responsáveis por nossos pecados, mas também somos vítimas. O mal e a injustiça não estão só em nosso coração. Também estão nas estruturas e nas instituições; estão na dinâmica da história. Às vezes, parece que o poder do mal invade tudo. Pai, tirai-nos do mal!

Com esse grito de socorro, que ressoa em nossas vidas, a oração de Jesus termina. Tradicionalmente, os cristãos acrescentam a palavra "amém", que significa "assim seja": "Assim, queremos orar sempre. Assim, queremos viver: com grande confiança em ti, nosso Pai; abençoando teu nome, acolhendo teu reino, fazendo tua vontade, recebendo de ti o pão de cada dia, o perdão e a força para vencer o mal. Amém".

4 Recuperar a oração

Há cristãos que praticamente abandonaram a oração. Eles aprenderam a viver sem se relacionar com Deus. Não se comunicam mais com Ele. Alguns percebem essa situação, mas não sabem como reagir. Inclusive sentem a necessidade de orar em momentos difíceis e de apuro, mas nada vem de dentro deles: O que pode ser feito depois de tantos anos sem orar? A oração pode ser recuperada?

a) Abrir-se a Deus

O desejo de Deus não desaparece tão facilmente da vida da pessoa. Às vezes, parece ter morrido para sempre. Outras, brotam inesperadamente, mesmo que seja de forma fraca ou calada. Esse desejo de Deus pode estar encoberto por outros sentimentos: mal-estar por uma vida medíocre e superficial, sentimento de estar colocando a vida a perder, desejo de viver algo diferente... A primeira coisa a fazer é realizar esse desejo, mesmo que seja fraco. Não apagá-lo ou deixá-lo de lado.

Esse desejo de Deus já é a "semente da oração". Se a pessoa prestar atenção e acolher esse desejo, já estará orando, pois seu coração estará voltado para Deus. Às vezes, orar nada mais é do que prestar atenção àquele "gemido do Espírito" que ora em nós sem palavras. Nos Salmos, isso aparece com frequência. O salmista sente que há algo nele que busca a Deus: "A minha alma tem sede de Deus, do Deus vivo" (Sl 42,2-3). É importante tomar consciência de que em nós há algo que descansa apenas em Deus: "Fizeste-nos, Senhor, para ti, e o nosso coração anda inquieto enquanto não descansar em ti" (Santo Agostinho).

Na oração, tanto nos primeiros passos quanto a todo o momento, o importante não é falar muito, mas ouvir, estar atento, perceber a presença de Deus. Bastam algumas palavras repetidas várias vezes devagar e com fé. O mais importante é ouvir e reconhecer a presença inconfundível de Deus. Colocarmo-nos diante de sua presença. Em silêncio, Ele nos convida a estar diante de sua presença e a confiar nele. Para recuperar a oração, o mais importante não são o raciocínio, os livros ou as ideias. Em vez de dar passos para fora, precisamos olhar para dentro. Sentirmo-nos bem, confiar, acolher essa Presença.

Quando a pessoa vive muito tempo longe de Deus, sua presença já parece longínqua. Até mesmo a palavra "Deus" pode não lhe dizer mais nada, porque é uma palavra "carregada" de experiências negativas e desagradáveis, ou porque evoca nela apenas uma ideia elaborada a partir de explicações ou doutrinas mal-assimiladas. Para algumas pessoas, "Deus" pode ficar irreconhecível quando apresentado sob certa linguagem religiosa.

Mas, mesmo assim, Deus pode estar presente no coração do ser humano de maneira calada, mas real. Sua presença não é apenas mais uma entre outras. Sua voz não é ouvida como apenas mais uma. Seu chamado vem de fora de nós mesmos. Não se identifica com nossos gostos, desejos e projetos. É diferente. Podemos aceitá-la ou rejeitá-la. Mas há uma presença: "Eis que estou à porta, e bato; se alguém ouvir a minha voz, e abrir a porta, entrarei em sua casa, e com ele cearei, e ele comigo" (Ap 3,20).

"Abrir a porta" significa dizer um pequeno "sim", mesmo que ainda seja um fraco, tímido, quase imperceptível "sim"; não continuar andando sozinho pela vida; aceitar a companhia de alguém que ainda mal conheço; deixar-me acompanhá-lo por sua presença; não me encerrar em mim mesmo nem na minha autoconfiança; confiar, gradualmente me libertar de resistências e receios. É bom acolher a Deus, faz-nos bem, traz-nos paz. O importante é ir abrindo o coração, deixá-lo entrar em nossa vida. Não se ora apenas com a mente nem com a memória ou a sensibilidade. A pessoa é quem se abre ou se fecha para Deus. As primeiras invocações a Deus, mesmo sem palavras, refletem esse desejo: "Deus, cria em mim um coração limpo" (Sl 51,12). "Não abandonai os que te buscam" (Sl 9,11).

b) Algumas disposições básicas

Existem muitos caminhos que levam a Deus, e cada pessoa precisa percorrer o seu. Mas lembrarei três atitudes básicas que, de alguma forma, são necessárias para nos encontrarmos com Deus.

• *Da dispersão ao recolhimento.* Se buscamos a Deus, devemos nos recolher. É a atenção interior que torna possível o encontro com Deus. Deus não pode se comunicar com uma pessoa distraída interiormente. As coisas nos atraem, as atividades exigem nossa atenção. Vivemos impactados por mil impressões, contatos, preocupações, notícias e informações, separados do nosso "centro". Orar significa nos recolhermos: "Não procure fora. Entra em ti mesmo: no homem interior habita a verdade" (Santo Agostinho).

Recolhimento não significa isolamento, falta de comunicação, solidão. Os mestres espirituais usam muito a expressão "fazer silêncio". Isso significa aquietar o ruído externo, mas não apenas isso. Significa também aquietar impressões, imagens, lembranças que "ocupam" nosso interior e não permitem que nos abramos à presença de Deus. Mas não esqueçamos que o silêncio cristão significa nos abrirmos ao mistério de alguém que nos ama infinitamente. Portanto, fazer silêncio significa ir aquietando nosso ruído interior para acolher essa presença amorosa.

• *Da superficialidade à autenticidade.* Quando se fala de oração, geralmente, fala-se muito de procurar por Deus e nos encontrarmos com Ele. Mas nem tanto de me encontrar comigo mesmo para me apresentar a Deus com minha própria verdade, tal como sou. A comunicação com Deus exige a verdade. Perante Deus não preciso desculpar-me, defender-me, justificar-me, enganar-me, dissimular. Posso deixar de lado essa "personagem" que tento ser diante dos demais. Sou eu que devo encontrar Deus, não outro. Raramente, a pessoa diz "eu" de forma tão verdadeira como quando fala com Deus: "Senhor, Tu me sondas e me conheces" (Sl 138,1).

• *Da evasão à disponibilidade.* Passamos a vida fugindo de nós mesmos e de Deus. Todos nós sabemos disso. Passamos longas temporadas acompanhados por esse sentimento de "evasão". Não é que tenhamos decidido "fugir" de Deus. Não é isso. Mas a verdade é que organizamos a nossa vida de tal maneira que não há fendas ou fissuras pelas quais Ele possa entrar. Seja porque vivemos programados externamente, seja porque vivemos focados no nosso "ego", pensando apenas nos nossos interesses, seja porque vivemos de forma mecânica e entediante, seja porque não nos interessa nada além do nosso pequeno bem-estar. A abertura ao mistério de Deus nos leva pouco a pouco à disponibilidade. Esta é a atitude admirável do salmista: "Envia a tua luz e a tua verdade; elas me guiarão" (Sl 43,3).

c) O ato de falar pessoalmente com Deus

Quem se orienta gradualmente em direção a Deus, algum dia, deve dar um passo muito concreto. Temos que começar a conversar com Ele. Não se trata mais de reconhecer sua presença, de pensar em Deus, de falar de Deus aos outros, mas de falar pessoalmente com Ele, como um "Tu" a quem invocamos com confiança. "A ti, Senhor, elevo a minha alma. Meu Deus, confio em ti" (Sl 25,1-2).

Esse ato concreto de dialogar com Deus não é fácil quando, durante anos, a pessoa ficou muda diante dele ou quando se limitou a rezar orações mecânicas e de maneira rotineira que o dispensavam e protegiam de falar diretamente com Deus. No princípio, a pessoa pode se sentir desconfortável e estranha. Não consegue dar esse passo: "O que os amigos diriam se me vissem conversando com Deus?" É hora de agir com a simplicidade e a confiança de uma criança. Cada um deve procurar suas palavras, falar com Deus em silêncio ou em voz alta, talvez escrevendo uma oração pessoal[59].

No princípio, pode ajudar recitar uma oração conhecida e amada, como "Pai-nosso" ou "Ave-Maria", mas parando em cada expressão e tomando consciência do que se diz, porque essas fórmulas tão conhecidas podem nos levar a voltar a orar sem falar com Deus pessoalmente. Talvez seja melhor retirar algumas breves expressões dos evangelhos: "Creio, Senhor, ajuda a minha pouca fé"; "Senhor, Tu sabes tudo. Tu sabes que eu te amo"; "Meu Deus, tem compaixão de mim, que sou um pecador"[60].

Depois, será mais fácil passar dessas expressões para outras que nascem de dentro do nosso coração: "Meu Deus, preciso de ti agora mais do que nunca". "Agradeço-te porque, apesar de tudo, Tu me entendes e me amas". "Meu Deus, ensina-me a viver". "Tua força sempre me sustentará". "Que nada nem ninguém me afaste de ti".

---

59. Recomendo o livro do Irmão Roger de Taizé: *Orar en el silencio del corazón* – Cien oraciones. 4. ed. Madri: PPC, 2014. Conheço pessoalmente muitas pessoas às quais este livro ajudou a reavivar sua vida interior para sempre.
60. Cf. meu livro *Salmos para rezar desde la vida*. Op. cit. "Súplicas de los evangelios", p. 223-227.

d) Orar no escuro

Deus sempre será um mistério incompreensível, uma presença próxima que transcende nossa compreensão. Por isso, aprender a orar é aprender a viver esse Mistério. A qualquer momento, podem surgir dúvidas e inseguranças: Não será tudo uma ilusão? Não será tudo uma farsa? Não estarei falando comigo mesmo no vazio? E o ceticismo também pode nos dominar: o desejo se apaga, não sentimos nada, não queremos nada, não precisamos de nada. Nossa vida cotidiana nos parece suficiente. Seguir sem Deus.

É possível continuar orando a Deus quando não se sente nada? Quando não se sabe se acredita ou não nele? Quando ainda não se sabe o que se quer? É possível. Mais ainda. Aquela oração que é feita em meio às trevas, à dúvida, ao vazio ou ao ceticismo é uma das maneiras mais reais de crescer na fé e realmente se aproximar de Deus. O encontro com Ele não está no que sentimos ou deixamos de sentir. Não está na nossa sensação de segurança ou dúvida. Está além, mais fundo, no fundo do coração, que ninguém conhece senão Deus. Teresa de Lisieux se comparava com o passarinho quase cego que "continua ali, apesar de tudo, olhando fixamente para a luz invisível que oculta a fé".

Quando a "noite escura" chegar, será hora de colocar diante de Deus nossas dúvidas e nossa escuridão, nossas queixas e nossos protestos, nossa frieza e nosso desespero. "Por que ficas longe, Senhor, e te escondes nas horas de angústia?" (Sl 9,22); "Meu Deus, por que me abandonaste?" (Sl 21,2); "Continuarei a te esperar" (Sl 70,14). Ou simplesmente dizer a Ele: "Sou teu, salva-me" (Sl 119,94), sem nem mesmo saber exatamente o que queremos dizer.

5 Reviver a oração

Há um fato muito frequente entre nós. A fé de muitos está estagnada. Vivem uma vida cristã descuidada que não muda há muitos anos. Sua oração é rotineira. Já não incentiva ou transforma sua vida. Há pessoas que "suportam" essa mediocridade durante toda a sua vida: oram sem falar com Deus, comungam sem ter comunhão com Cristo, ouvem a leitura do Evangelho sem ouvir as boas-novas de Jesus, rezam o "Pai-nosso" sem sentir Deus como Pai e os outros como irmãos. Chega um momento em que muitos acabam pensando que isso é ser cristão, é nisso que consiste a religião. Não faz você crescer, viver ou desfrutar. Não ajuda a amar, criar ou se comprometer, mas "não causa nenhum mal". Isso é tudo. Alguns já me confessaram que não abandonam a prática religiosa "apenas por costume".

Essas pessoas continuam rezando o "Pai-nosso" e a "Ave-Maria". Sua oração é feita de fórmulas repetidas de uma maneira distraída. Eu sei que esta é a oração da maioria em todas as religiões. Deus, que conhece o coração humano, não tem problema em ouvir e acolher esta oração. Mas essas pessoas não têm o direito de se encontrar com Deus de uma maneira mais viva, calorosa e prazenteira? O que pode ser feito para purificar e reviver essa oração que frequentemente é a oração de quase todos?

a) A oração, relação de amizade com Deus

Todas as nossas rezas, orações e práticas devotas ficam reduzidas e empobrecidas se não nascem e refletem nossa amizade com Deus. Teresa de Jesus diz que orar é "tratar de amizade, muitas vezes, tratando sozinho com quem sabemos que nos ama". Isso é fundamental.

"A questão não é pensar muito, mas amar muito". Como Carlos de Foucauld diz: "Orar é pensar em Deus amando-o". Isto é, receber o amor de Deus, adorá-lo, desfrutar dele, agradecer a Ele e celebrá-lo.

Isso é complicado? Não se trata de fazer exercícios mentais difíceis ou de aprender caminhos difíceis. Apenas se deixar amar. Segundo Teresa de Jesus, é algo que está disponível para todos: "Nem todos são capazes de pensar, mas todos são capazes de amar". Em suma, as palavras e as orações servem apenas como "apoio" para "viver" amando a Deus, para amar e nos deixar amar por Ele, para olhar para ele com amor e saber que Ele olha para nós com amor. Embora não pensemos especificamente em cada palavra que pronunciamos, qualquer oração é "estar", portanto, amistosamente com Deus. Um "estar" que nos une a Deus, nosso Pai, e nos faz viver crescendo como seguidores de Jesus.

Também não devemos pensar em experiências sublimes. O importante é deixar clara essa orientação amistosa em nossas orações a Deus. Teresa de Jesus diz que muitas vezes tudo isso se resume apenas a "querer estar em ótima companhia". E tem razão. Muitas vezes, orar é apenas "desejar" estar com Deus.

b) Orar a partir da vida real

Tudo o que faz parte da nossa vida pode ser motivo de oração: uma alegria, uma preocupação, um momento feliz, uma experiência infeliz, um medo, um sucesso, um mal. Dirigimo-nos a Deus a partir da experiência que vivemos em determinado momento. E é exatamente isso que pode reviver e transformar nossa oração e nossas rezas.

Se, às vezes, nossa oração é tão insubstancial e mecânica, é porque sempre oramos da mesma maneira, embora nossa vida esteja passando por situações e estados de espírito muito diferentes. Não podemos continuar rezando "Pai-nosso" e "Ave-Maria" aborrecidos, alheios ao que vivemos a cada momento. Essa oração é abstrata, genérica, vazia de vida. Quem, pelo contrário, está atento ao que vive, dá um tom diferente à sua invocação, de acordo com a experiência que está vivendo.

Há uma oração para cada situação e para cada momento. A relação com Deus tem um caráter peculiar. Não podemos orar da mesma maneira com um coração deprimido ou com um espírito sereno, quando a vida pesa sobre nós ou quando nos sentimos felizes, quando vivemos com medo ou quando experimentamos paz, quando pedimos perdão ou quando agradecemos. Todas as nossas orações e rezas cobram outra vida quando expressam nosso modo de viver diário. A pessoa aprende a orar quando consegue expressar seu estado de espírito a Deus. Pouco a pouco, aprende a compartilhar sua vida com Deus[61].

c) Reviver a oração vocal

A oração vocal não é uma oração de valor secundário, a oração de principiantes e não iniciados, daqueles que não são capazes de avançar em direção a uma oração superior. É a oração de todos. Até mesmo a oração mental mais elevada um dia deve ser expressa em palavras. O que está dentro de nós deve ressoar em nossos lábios: palavras proferidas em voz alta ou quase sussurradas, gritadas ou cantadas, com a voz e o tom de cada um. Palavras pro

61. No meu livro *Salmos para rezar desde la vida* (Op. cit.) ensino a rezar os Salmos de uma maneira simples em todas as situações ou estados de espírito (agradecimento, alegria, cansaço, depressão, paz interior, doença, velhice, morte, misericórdia de Deus...).

nunciadas em solidão ou compartilhadas com os demais. Assim nos comunicamos com Deus. Agora quero fazer duas observações:

• Em primeiro lugar, as palavras que pronunciamos em oração, como qualquer outra palavra humana, só fazem sentido quando entendemos o que estamos dizendo. Teresa de Jesus dizia que a oração falada requer "atenção". Por outro lado, essas palavras devem sair, como dissemos, de uma atitude básica de amor a Deus.

• Mas, em segundo lugar, devemos lembrar que a oração é sempre algo pessoal. É bom repetir orações de fiéis de outros tempos, recitar salmos que outros homens e mulheres rezaram... Mas tenho que tornar essas palavras minhas se quiser elevar o meu coração a Deus. Por trás dessas fórmulas, devo estar eu, com meus pedidos ou meus louvores, meus agradecimentos ou minhas queixas. Tomo emprestadas as palavras, mas tenho que fazê-las vibrar no meu coração.

A melhor maneira de "tornar minhas" essas orações tão conhecidas é parar para recitá-las lentamente, frase por frase, tomando consciência do que se diz e saboreando seu conteúdo. Não se trata de rezar muitos "Pai-nossos" e "Ave-Marias", mas de rezá-las com devoção profunda: "venha a nós o vosso reino", "perdoai-nos", "seja feita a vossa vontade", "rogai por nós agora e na hora da nossa morte".

d) Aprender a meditar

Quando se fala de meditação, às vezes, pensa-se em algo complicado, apenas ao alcance daqueles que dominam métodos e exercícios complexos. Naturalmente, existem muitos caminhos e graus na meditação. Mas, basicamente, a meditação é algo que qualquer um pode praticar de alguma maneira. Muitos meditam sem saber que estão meditando.

Meditar é pensar em algo, refletir sobre algum aspecto da vida, mas de tal maneira que nos leve a Deus. Não é um exercício puramente mental. Não se trata apenas de pensar, mas de pensar naquele Deus que sabemos que nos ama. Somente com ideias, pensamentos e reflexões, não elevamos nosso ser a Deus. É o amor que leva quem medita ao encontro com Deus. Teresa de Jesus disse: "A questão não é pensar muito, mas amar muito; então, faça aquilo que mais lhe desperte amor". Inácio de Loyola, por outro lado, disse: "Não é muito o saber que sacia e satisfaz a alma, mas o saborear as coisas internamente".

Tudo pode servir de apoio ou material para meditar: a natureza, contemplada com admiração e gratidão; um agradecimento, grande presente de Deus; acontecimentos na nossa própria vida ou no nosso entorno que "fazem-nos pensar"; experiências alegres ou dolorosas (o nascimento do primeiro filho, a perda do ente mais querido). A leitura silenciosa de algum livro, as parábolas de Jesus... Nisso tudo, o importante é sair da nossa superficialidade habitual, "estar diante de Deus e com Deus", tratar com "quem sabemos que nos ama".

O exame de consciência, hoje tão desacreditado e esquecido, é uma meditação sobre a vida. Não consiste em nos isolarmos para analisar profundamente nossos pecados. Consiste em contemplar nossa vida com uma atitude meditativa: primeiro, agradecer a Deus por tudo que há de positivo e encorajador (experiências, encontros, pessoas, coisas boas...); depois, tomar consciência da nossa mediocridade, inconsciência ou falta de fé, e nos sentirmos perdoados e compreendidos; em seguida, escutar novos chamados e convites. Essa meditação, feita dessa maneira de tempos em tempos, ajuda-nos a crescer como seres humanos e na vida cristã.

e) Frequência da oração

Com que frequência temos que orar? Quando devemos orar? Quantas vezes? Com que frequência temos que comer ou beber? Quando devemos respirar? Quantas vezes precisamos amar? O *slogan* de São Paulo é muito claro: "Ora constantemente" (1Tm 5,17). Respire o tempo todo. Viva alimentado. Ame sempre. Como se faz isso?

Antes de mais nada, consiste em ter uma atitude permanente: viver sem esquecer que tenho um Deus Pai (reze ou não o "Pai-nosso"). Manter uma atitude de gratidão e confiança em Deus; não esquecer sua presença; sempre saber que Ele encoraja minha vida e meu ser; trabalhar sempre procurando satisfazer, de alguma forma, à sua vontade, ao seu reino, isto é, procurando o bem do próximo. Naturalmente, para manter essa disposição cristã, são necessários tempos e momentos específicos de oração.

O ritmo de cada dia é importante. Cada dia é como um pequeno resumo da nossa vida: acordamos para a vida todas as manhãs; vivemos, trabalhamos, movemo-nos durante o dia e à noite deixamos tudo para descansar. É por isso que é importante ter algum tempo de oração a cada dia.

Acordar não é um ato trivial. Estamos sendo presenteados com um novo dia para viver. Talvez seja hora de agradecer a Deus, pedir sua luz, lembrarmo-nos de sua presença. Aqueles que não têm tempo ou condições para orar com calma podem simplesmente elevar seus corações a Deus: "Sei que estás próximo". "Hoje também me acompanhas". "Que não me afaste muito da tua vontade". "Também quero comemorar tua bondade hoje". É o suficiente.

Retirarmo-nos para descansar e nos entregarmos ao sono também pode se tornar um ato significativo de entrega confiante a Deus. É hora de pedir perdão, confiarmo-nos à sua misericórdia, dar graças. É lindo terminar o dia como um cristão (nem tudo é televisão ou internet).

Não devemos esquecer outras possibilidades. No fim de semana, devemos nos liberar de ocupações e trabalhos. É o momento ideal para nos retirarmos a um lugar de silêncio, a uma igreja para parar, descansar, permanecer diante de Deus e com Deus; orar com um grupo de cristãos, em casal.

f) Condições externas

Não há receitas. Cada um procura o seu caminho. Jesus procurava a montanha, a noite, a solidão em meio à natureza. Para Ele, também era importante estar em casa, na sinagoga ou na rua.

É importante ter um lugar onde se recolher e orar. É possível orar no carro, no campo, esperando o ônibus ou enquanto se caminha para se exercitar ou dar um passeio. Mas é conveniente ter um local adequado para nos ajudar a nos recolher e fazer silêncio: o nosso quarto, uma igreja silenciosa, uma capela.

Também é conveniente encontrar posturas e condições que nos ajudem: as costas bem retas, o ritmo da respiração e o silêncio... Tudo pode contribuir para encontrar a calma e a paz necessárias. Os gestos também são importantes: fechar os olhos, juntar as mãos, estender as palmas das mãos, levantar os braços, direcionar os olhos para uma imagem ou santo.

Reflexão

1) Os membros das nossas paróquias e comunidades passam algum tempo se relacionando pessoalmente com Deus (oração em família, meditação, leitura do Evangelho, oração diante do sacrário...)? Sinais positivos ou negativos.

2) Não seria enriquecedor organizar algumas jornadas ou retiros de caráter teórico ou prático para ajudar as pessoas a descobrirem a importância da oração? O conteúdo deste capítulo poderia servir como base para isso?

3) Não poderíamos sugerir aos mais interessados o livro de José Antonio Pagola *Salmos para rezar desde la vida* e organizar um encontro prático para aprenderem a orar com os Salmos?

6
Fidelidade ao Espírito em tempos de renovação

Para o Papa Francisco, a renovação do mundo e da Igreja é resultado da "ação misteriosa do Ressuscitado e do seu Espírito" (EG 275). Por isso, o maior erro que podemos cometer ao tratar da renovação das paróquias e das comunidades cristãs é ignorar a ação do Espírito do Ressuscitado na Igreja. O papa sabe que a "profunda falta de espiritualidade resulta em pessimismo, fatalismo e desconfiança". Como consequência, "algumas pessoas não se entregam à missão porque acreditam que nada pode mudar e, portanto, é inútil se esforçarem" (EG 275).

Francisco quer reavivar, antes de mais nada, nossa fé na ressurreição de Jesus. "Sua ressurreição não é algo do passado, envolve uma força vital que permeou o mundo. Onde tudo parece ter morrido, os brotos da ressurreição reaparecem em toda parte. É uma força irrefreável" (EG 276). Então, somos chamados a confiar no Espírito Santo: "Para manter vivo o ardor missionário, é necessária uma forte confiança no Espírito Santo, porque "Ele vem em auxílio à nossa fraqueza" (Rm 8,26). Mas essa confiança generosa deve ser nutrida e, para isso, precisamos invocá-la constantemente" (EG 280).

Seguiremos o itinerário abaixo: Começarei apontando as graves consequências para a Igreja quando esquecemos a ação do Espírito do Ressuscitado. Em seguida, explicarei que o primeiro serviço do Espírito à Igreja é levá-la à obediência a Jesus Cristo como seu único Senhor. Depois, insistirei na importância de estarmos atentos ao Espírito, presente em toda a Igreja, sem desprezar sua ação com outros irmãos que podem não pensar ou agir como nós. A seguir, deter-me-ei em vários aspectos que temos que cuidar nas nossas comunidades para responder ao impulso missionário do Espírito com fidelidade, confiança e ousadia. Depois, exporei a importância de sermos dóceis à ação do Espírito do Senhor, criador da comunhão e fonte de criatividade. Por fim, apontarei que uma Igreja ungida pelo Espírito de Jesus deve se sentir sempre dirigida aos pobres e aos infelizes.

1 O esquecimento do Espírito

a) O Espírito, vida da Igreja

Quem pesquisa a vida das primeiras comunidades cristãs descobre um fato central, uma experiência nuclear: as comunidades nascem do Espírito: vivem, crescem, evangelizam pelo Espírito de Jesus. O Espírito é o vivificante[62] da Igreja, o "doador de vida". Sem Ele, a vida se apaga. Ele é o princípio vital. A Igreja nasce e vive da

---

62. Cf. CONGAR, Y. *El Espíritu Santo.* Barcelona: Herder, 1983. • SCHWEIZER, E. *El Espíritu Santo.* Salamanca: Sígueme, 1984. • MOLTMANN, J. *La Iglesia, fuerza del Espíritu.* Salamanca: Sígueme, 1978. • SCHMAUSS, M. "Espíritu Santo". In: *Sacramentum Mundi II.* Barcelona: Herder, 1976, p. 814-826. • KAMLAH, E. "Espíritu". In: *Diccionario Teológico del Nuevo Testamento.* Salamanca: Sígueme, 1980, p. 136-147. • SEMMELROTH, O. "Espíritu Santo". In: *Conceptos Fundamentales de Teología II.* Madri: Cristiandad, 1966, p. 23-37. • CASTILLO, J.M. "Espíritu". In: *Conceptos Fundamentales de Pastoral.* Madri: Cristiandad, 1983, p. 293-301. • CODINA, V. *Creo en el Espíritu Santo* – Pneumatología narrativa. Santander: Sal Terrae, 1990.

irrupção do Espírito do Ressuscitado na história humana. Por isso, como diz J. Moltmann, "em suas atuais tensões entre fé e experiência, esperança e realidade, a Igreja precisa entender a si mesma nessa história do Espírito que dá origem a uma nova criação"[63].

O pecado, que pode dificultar enormemente a renovação das nossas comunidades, é fruto do esquecimento do Espírito. Nosso único princípio de vida deve ser o Cristo ressuscitado, e devemos tentar substituir, com a instituição, a organização, o trabalho, a autoridade ou a estratégia humana, aquilo que só pode nascer da força do Espírito. "A Igreja deve ser uma Igreja 'espiritual' se quiser permanecer fiel à sua própria essência"[64].

Portanto, uma das grandes realizações do Vaticano II foi, sem dúvida, a recuperação do Espírito para a vida da Igreja. Mencionarei apenas um texto-chave: "O Espírito habita na Igreja e nos corações dos fiéis como em um templo (1Cor 3,16; 6,9), ora neles e testemunha sua adoção como filhos (cf. Gl 4,6; Rm 8,15–16,26). Guia a Igreja à plenitude da verdade (cf. Jo 16,13), unifica-a na comunhão e no ministério, instrui-a e dirige-a com diversos dons hierárquicos e carismáticos e a embeleza com seus frutos (cf. Ef 4,11-12; Cl 12,4; Gl 5,22). Faz a Igreja rejuvenescer, constantemente a renova e a leva a uma união consumada com seu Esposo"[65].

b) Quando o Espírito se apaga

O esquecimento do Espírito tem sérias consequências. Quando, para cumprir sua missão, a Igreja confia na "carne", as "obras da

---

63. MOLTMANN, J. *La Iglesia, fuerza del Espíritu*. Op. cit., p. 56.
64. RAHNER, K. *Cambio estructural de la Iglesia*. Madri: Cristiandad, 1974, p. 102.
65. *Constitución sobre la Iglesia*, 4.

carne" logo aparecem (Gl 5,19-21). É bom tomar consciência do que acontece quando o Espírito se apaga.

Sem o Espírito, Deus se ausenta; Jesus fica longe, como um personagem do passado; o Evangelho se torna uma letra morta; a Igreja se reduz a uma mera organização; a esperança é substituída pela instituição; a missão se reduz a propaganda; a liturgia se congela e a audácia evangelizadora desaparece.

Sem o Espírito, as portas da Igreja se fecham; os carismas se extinguem; a comunhão se despedaça; o povo e a hierarquia se separam; a comunhão enfraquece; o debate fraterno é substituído por polêmica ou ignorância mútua; ocorre um divórcio entre teologia e espiritualidade; a catequese se torna doutrinação; a autoridade se torna uma ditadura; a vida cristã se torna uma escravidão; a liberdade dos filhos de Deus é sufocada, surgem a indiferença ou o fanatismo, e a vida da Igreja se afunda na mediocridade.

c) Rumo a uma *Igreja* mais aberta ao Espírito

Não basta reconhecer a própria mediocridade espiritual. É necessário reagir para não continuar apagando o Espírito do Ressuscitado. Quem tem ouvidos ouça o que o Espírito diz às igrejas (Ap 2,7). Acolher o dom que nos é dado. Deixar-nos "lavar, justificar e santificar" por Ele (1Cor 6,11). Reconhecer que essa mesma abertura ao Espírito é um dom e uma luta que devemos viver em oração e vigilância, de acordo com o convite de Jesus: "Vigiai e orai [...] porque o Espírito está pronto, mas a carne é fraca" (Mc 14,38).

Essa abertura ao Espírito não é algo que deve ocorrer apenas em cada um dos fiéis. Acolhido nas profundezas dos corações, o Espírito também deve se espalhar em nossas comunidades e paróquias. A espiritualidade é um assunto de toda a Igreja. É a vida eclesial que deve ser impregnada e modelada pelo Espírito.

É por isso que devemos abrir espaço para o Espírito na Igreja de nossos dias. Entender e viver o momento atual como um processo no qual o importante é nos perguntarmos o que estamos semeando e onde esperamos colher os frutos correspondentes: se da carne ou do Espírito (Gl 6,8). Somente a fidelidade ao Espírito pode nos fazer crescer em comunhão e em ardor evangelizador. Fidelidade que, como veremos, exige disponibilidade, discernimento e compromisso em uma Igreja que é "santa ao mesmo tempo em que necessita de purificação constante"[66].

2 Conversão a Jesus Cristo como o único Senhor

Não basta falar da dimensão espiritual da Igreja. Devemos concretizar, na medida do possível, maneiras de reavivar nossa fidelidade ao Espírito. Como acolher especificamente sua inspiração, sua força e seu impulso nos nossos dias? Podemos dar certas dicas que nos permitam traçar o perfil de uma espiritualidade para tempos de busca e renovação, mas também de incertezas e resistência?

a) O Espírito leva à obediência a Jesus Cristo como Senhor

O primeiro serviço do Espírito à Igreja é devolvê-la a Jesus Cristo: abri-la à sua palavra e à sua ação, mantê-la em comunhão com Ele. Especificamente, o Espírito leva os fiéis a confessar que "Jesus é o Senhor" (1Cor 12,3). Este é o primeiro critério que diferencia o Espírito Santo de qualquer outro tipo de entusiasmo ou certeza. Não é apenas uma confissão de fé que é pronunciada com os lábios e é vivida no coração de todo cristão, é a própria razão de ser da Igre-

---

66. Ibid., 8.

ja. Existe apenas uma comunidade cristã onde o Espírito desperta "a nova obediência à soberania de Cristo"[67]. Uma Igreja encorajada pelo Espírito não pode servir a outro senhor a não ser a Jesus, o Cristo.

Essa autoridade de Jesus, o Cristo, é a que deve libertar também a Igreja dos falsos senhores, impostos de fora ou de dentro. A Igreja não é da hierarquia nem do povo. É do seu Senhor. Não é desse ou daquele movimento, não pertence à cultura moderna nem a uma tradição específica. É do seu Senhor. Essa fidelidade a Jesus deve impedir que a Igreja seja deixada nas mãos da autoridade absoluta da hierarquia ou se torne uma espécie de "soberania popular". A Igreja de Jesus Cristo é uma comunidade de irmãos que busca ser fiel ao seu único Senhor: "Vós, porém, não queirais ser chamados Rabi, porque um só é o vosso Mestre, a saber, o Cristo, e todos vós sois irmãos. E a ninguém na terra chameis vosso pai, porque um só é o vosso Pai, o qual está nos céus. Nem vos chameis mestres, porque um só é o vosso Mestre, que é o Cristo" (Mt 23,8-10).

A partir desse Espírito, todos nós devemos buscar a obediência a Jesus, o Cristo, de tal forma que a autoridade não seja usada contra o Senhor, nem a teologia acadêmica seja manipulada contra o Evangelho, nem os cargos e os carismas sejam colocados a serviço de interesses alheios ao Reino de Deus, nem se imponham correntes sobre a Igreja que nos afastem dos pobres e do sofrimento da terra.

b) Atualização de Cristo

O Espírito não nos remete a um sistema doutrinário, a uma teoria teológica ou a um código de leis, mas à pessoa viva de Jesus Cristo, à sua mensagem e a seu projeto humanizador do Reino de

---

67. MOLTMANN, J. *La Iglesia, fuerza del Espíritu.* Op. cit., p. 350.

Deus, ao mistério da sua vida, morte e ressurreição. Nessa pessoa, totalmente habitada pelo Espírito de Deus, está "toda a verdade" (Jo 16,13). Dele, Deus vem a nós não como lei, poder ou razão, mas como Espírito. Isto é, como um Deus vivo do qual não podemos dispor de acordo com a nossa vontade, cuja ação não pode ser determinada por regras que sejam válidas para sempre e em toda parte, cuja presença criadora não possa ser atualizada sem transformar e melhorar as estruturas. Ainda não descobrimos o profundo significado contido no fato de Jesus não falar por meio de conceitos precisos, mas por meio de parábolas abertas cujas mensagens sempre podemos ouvir de uma nova maneira; e no fato de que Ele nunca age movido pelas leis, mas por um amor que o leva a intervir o tempo todo, respondendo às necessidades imprevisíveis dos pobres e dos necessitados.

Devemos sempre lembrar que o Espírito não nos leva a Jesus seja da forma que for, mas atualizando hoje sua presença criativa. Ele é "memória, atualização e consumação da vida e obra de Jesus"[68]. O Espírito não tem outra mensagem senão a de Jesus. Ele "nos ensina e nos lembra" o que Jesus disse aos seus discípulos (Jo 14,26), mas Ele faz isso dinamizando e atualizando sua palavra e sua vida. Essa mensagem e essa atuação de Jesus que lemos e ouvimos de fora nos relatos evangélicos adentram em nós, purificam-nos e recriam-nos graças à ação do Espírito que foi derramado em nossos corações.

É também por isso que hoje a Igreja deve ser moldada pelas "duas mãos do Pai", de acordo com a bela expressão de Santo Irineu[69]: por um lado, devemos estar atentos à manifestação do Filho, encarnado na história concreta de Jesus dentro de um espaço e um

---

68. CODINA, V. *Creo en el Espíritu Santo*. Op. cit., p. 139.
69. *Adversus haereses* V, 6, 1.

tempo, e, por outro, devemos acolher a ação constante, transformadora e dinamizadora do Espírito em todas as culturas e em todos os tempos. O Espírito resgata Jesus do passado e atualiza sua atuação e sua mensagem para que não se fossilizem, e sim vivifiquem permanentemente a história. Por outro lado, a mensagem e a ação concreta de Jesus salvaguardam o Espírito, de modo que esse não seja uma força difusa e indeterminada. Em outras palavras, o Espírito de Cristo ressuscitado incute em nós a força criativa necessária para ouvirmos a ação e a mensagem de Jesus, extraindo suas demandas e promessas para os problemas, conflitos e contradições dos nossos tempos, e a atuação e a mensagem de Jesus nos proporcionam clareza e concretude suficientes para não confundir o Espírito com qualquer coisa.

Somente por meio dessa dupla atenção ao Filho encarnado em Jesus e ao Espírito Santo que o ressuscita da morte é possível que a Igreja siga sua peregrinação sem se afastar do Senhor e sem cair na mesmice e na pura repetição do passado. Portanto, em tempos de renovação, todos nós devemos exigir essa dupla fidelidade uns aos outros.

A fidelidade ao Espírito nos protege de uma interpretação literal e fundamentalista das fontes ou de uma leitura do Evangelho feita de forma rotineira e inerte, ou de uma situação cultural já passada e diferente da atual. O Espírito exige de nós conversão e atualização permanentes, sem nos deter ou parar a tradição em algum momento específico de sua história. Dar valor absoluto à leitura de Jesus Cristo nos concílios de Trento ou Vaticano II implica o risco de não ouvir o que o Espírito continua dizendo às comunidades cristãs, pois se trata de uma história que nunca se detém.

Por outro lado, a fidelidade a Jesus, à sua ação e à sua mensagem concretas, coletadas nas fontes, protege-nos do subjetivismo puro, da exegese "selvagem" e arbitrária que não leva em conta os esforços da hermenêutica, bem como de leituras reducionistas, já que cada grupo, movimento ou comunidade costuma fazer sua própria seleção do Evangelho, absolutizando um "fragmento" do fato cristão, excluindo outros aspectos tão importantes ou mais e, assim, praticamente elaborando "um cânone dentro do cânone das Escrituras"[70].

c) A comunhão com o Crucificado

Não devemos esquecer que o Espírito sempre nos associa a Cristo, mas ao Cristo crucificado. E. Schweizer resume o ensinamento paulino, vinculando assim dois textos da Primeira Epístola aos Coríntios: "Olho nenhum viu, ouvido nenhum ouviu, mente nenhuma imaginou o que Deus revelou a nós por meio do Espírito [...]: a Cristo crucificado, escândalo para os judeus, loucura para os gentios, mas, para os que foram chamados [...] poder e sabedoria de Deus" (1Cor 2,9-10; 1,23-24)[71]. O Espírito sempre chama, dirige e conduz ao Cristo crucificado. No Crucificado, está a plenitude da verdade.

Todo tempo de renovação pode facilmente envolver resistência, conflitos e sofrimentos. É hora de ouvir o Espírito, que nos lembra a soberania do Crucificado. Ele é a norma e o critério de todos os carismas, de todas as teologias e de todos os movimentos da Igreja. No Cristo crucificado é decidido o que é e o que não é cristão. A cruz é o sinal de tudo o que merece levar esse nome. Portanto, em qualquer situação de conflito, devemos nos perguntar se estamos seguindo de perto o Crucificado ou se estamos nos afastando dele. "Se as igrejas,

---

70. Para um estudo mais detalhado, consulte meu artigo "Cómo releer el Evangelio sin adulterar la fe". In: BELDA, R. (ed.). *El hecho y la significación del pluralismo contemporáneo*. Bilbao: Desclée de Brouwer, 1976, p. 109-127.
71. SCHWEIZER, E. *El Espíritu Santo*. Op. cit., p. 155.

teologias e modos de viver a fé se referem a Ele – algo que têm que fazer se quiserem ser cristãos –, devem estar cientes de que estão apelando ao juiz mais implacável e ao libertador mais radical diante da mentira e do orgulho, do desejo de poder e do medo. As igrejas, os fiéis e as teologias devem ser tomados por sua palavra. E esta não é nada além da palavra da cruz. É o critério de sua verdade e, consequentemente, a crítica de sua hipocrisia".

Em uma situação de conflito, nada ajuda mais a discernir os caminhos do Espírito do que tentar ver onde estão os mártires, onde a crucificação é sofrida, onde a Igreja carrega a cruz e onde ocorre a rejeição do mundo. Ignorar os mártires de hoje, evitar a crucificação, esquivar os conflitos para evitar a cruz podem ser sinais claros de pouca fidelidade ao Espírito.

3 Atenção ao Espírito presente em toda a Igreja

O Espírito é um dom dado a toda a comunidade fiel. Na Igreja de Jesus, cumpre-se o que é anunciado pelo Profeta Joel: "Derramarei meu Espírito em toda a carne" (Jl 3,1). É assim que Lucas interpreta o evento de Pentecostes (At 2,17).

a) O Espírito está em toda a Igreja

O Espírito não é privilégio de um grupo. É dado a toda a comunidade eclesial. Ele cria a Igreja, confere-lhe poder para cumprir sua missão, infunde-lhe seu dinamismo, unifica-a[72] e vivifica-a permanentemente. A Igreja como um todo é o lugar do Espírito. Nela, não há setores que tenham exclusividade da garantia do Espírito e

72. MOLTMANN, J. *El Dios crucificado.* Salamanca: Sígueme, 1975, p. 11.

setores privados do Espírito. Todas as pessoas que creem recebem o Espírito. Todo o povo de Deus possui a unção do Santo (1Jo 2,20-27). O Espírito é para todos. E "se alguém não tem o Espírito de Cristo, esse tal não é dele" (Rm 8,9).

Esse dom do Espírito para toda a Igreja é o que fundamenta a experiência dos diversos dons. Os diversos carismas (*charismata*) oferecidos na Igreja devem ser entendidos e vividos como manifestação e concretização da única graça (*charis*) do Espírito de Cristo, que encoraja toda a Igreja. Portanto, "a manifestação do Espírito é dada a cada um, para o que for útil" (1Cor 12,7).

b) Não desprezar o Espírito nos outros

O dom do Espírito não separa ninguém dos outros nem o coloca acima deles. Nem mesmo a hierarquia deve ser concebida como se fosse a primeira depositária do Espírito de Cristo e somente a partir dela se transmitisse aos demais. Não há nenhum setor na Igreja que monopolize o poder do Espírito. Ninguém pode monopolizá-lo[73].

Seria um erro grave não acreditar no Espírito, que está e age em todos os fiéis, e ignorar a presença do Espírito nos outros; negar sua atuação. Pelo contrário, a fidelidade ao Espírito pede que estejamos atentos à sua manifestação, de onde quer que venha. Nada deve ser ignorado, menosprezado ou reprimido apenas porque não está em conformidade com nossas previsões ou nossos desejos. Ninguém deve se surpreender ou se indignar com as iniciativas do Espírito apenas porque não foram previamente projetadas pela hierarquia ou aprovadas por Roma. Ninguém deve desprezar a ação do Espírito apenas porque não se adapte ao que é estabelecido por determi-

73. Sobre a falsidade de uma Igreja totalitária cf. as reflexões de RAHNER, K. *Lo dinámico en la Iglesia*. Barcelona: Herder, 1968, p. 78-80.

nada teologia ou porque não vá na direção desejada por um grupo ou movimento específico. O importante é discernir se vai na direção do Evangelho de Cristo e do serviço ao Reino de Deus.

Como uma das atribuições do carisma hierárquico é determinar a direção da Igreja, é normal que seja justamente a hierarquia a que mais possa sentir a tentação de monopolizar o Espírito, sem dar a atenção adequada à sua manifestação no restante da Igreja. Isso aconteceria se, como Karl Rahner diz:

> supusesse-se que todos os movimentos vitais na Igreja pudessem e devessem necessariamente provir de seus cargos hierárquicos; que toda iniciativa na Igreja fosse justificada somente se – explícita ou, pelo menos, tacitamente – tivesse sido promovida de cima e somente depois que fosse autorizada; que toda a direção do Espírito Santo infundisse-se, em todos os casos, nos cargos hierárquicos da Igreja; que Deus dirigisse sua Igreja somente por meio de seus cargos oficiais; que toda manifestação de vida na Igreja fosse apenas a execução de uma ordem ou de um desejo vindos "de cima" [...] Em tal concepção totalitária da Igreja, que é falsa, o ministério hierárquico e o carisma equiparar-se-iam, dada a sua importância para a Igreja. Até isso é falso. Na realidade, existe o carisma, isto é, o impulso e a direção do Espírito de Deus para a Igreja, também dentro e fora do ministério[74].

c) Humildade no conflito

Em uma situação de conflito, nenhum fiel, grupo ou comunidade pode ter a pretensão de que sua interpretação ou experiência

74. Ibid., p. 54.

de fé seja a única autêntica, nem mesmo a mais fiel. Todos nós seguimos Jesus por meio de uma experiência limitada e parcial, condicionada por pressupostos muito específicos, que são deturpados, especialmente, por nosso próprio pecado. É por isso que nenhuma autoridade, nenhuma teologia, nenhuma comunidade pode afirmar, *a priori*, que o que deixa de abarcar não seja relevante para a compreensão e a experiência da fé, ou que seja menos importante do que o que os outros percebem e vivem a partir de outros carismas, outra teologia ou outra comunidade.

Por isso, a necessidade de um diálogo humilde, da confrontação, da complementaridade mútua e da correção fraterna. A atenção ao Espírito presente em toda a Igreja sempre nos convida a nos perguntarmos se estaremos compreendendo e vivendo fielmente a adesão a Cristo. Essa atenção é particularmente necessária quando uma autoridade, um grupo de teólogos ou uma comunidade específica constatam que sua interpretação do fato cristão é rejeitada ou questionada por uma parte altamente significativa da Igreja.

Essa atitude espiritual nos levaria a viver os conflitos próprios desses tempos de renovação com outro estilo: com sinceridade para admitir honestamente nossas inseguranças, dúvidas ou lacunas que precisam ser esclarecidas ou preenchidas por outros; com coragem para revisar ou revogar decisões que, na confrontação e no diálogo, vamos descobrindo que são erradas ou injustas; com ousadia para suprimir secretismos e procedimentos que parecem expressar desconfiança quanto à ação do Espírito no resto da Igreja; com fé inabalável para buscar a complementaridade e o consenso mais fiel ao Evangelho; sempre com a alegre humildade de saber que o Espírito se faz presente onde quer sem pedir nossa permissão.

4 Fidelidade ao impulso missionário do Espírito

O Espírito age na Igreja impulsionando-a à missão de anunciar as boas-novas de Jesus Cristo e de servir ao Reino de Deus, mesmo em condições adversas.

a) O Espírito impulsiona a missão

A Igreja nasceu do Espírito com a missão de comunicar a salvação de Cristo a todos os seres humanos, povos e culturas (At 2,8-11). Os três primeiros evangelistas terminam seus escritos lembrando o mandato missionário do Ressuscitado a seus discípulos (Mc 16,15; Mt 28,18-20; Lc 24,45-48). João, por outro lado, relaciona explicitamente esse envio à doação do Espírito: "Assim como o Pai me enviou, eu os envio". E com isso, soprou sobre eles e disse: "Recebam o Espírito Santo" (Jo 20,21-22).

O Espírito está na Igreja empurrando-a para fora de si mesma em direção à missão. Além disso, a Igreja adquire seu próprio ser nessa missão. Portanto, como disse E. Schweizer: "uma comunidade que não age de maneira missionária não é uma comunidade liderada pelo Espírito"[75]. A Igreja não é para si mesma. "Evangelizar constitui a felicidade e a vocação próprias da Igreja, sua identidade mais profunda. Ela existe para a evangelização"[76]. O Espírito a impulsiona a estar a serviço do Reino de Deus e não de outros interesses da Igreja ou daqueles que a formam.

Não parece supérfluo, neste momento, quando setores importantes da hierarquia católica resistem à renovação empreendida pelo Papa Francisco, acreditando que dessa forma defendem me-

---

75. SCHWEIZER, E. *El Espíritu Santo*. Op. cit., p. 154.
76. PAULO VI. *Evangelii Nuntiandi*, 14.

lhor a segurança da Igreja. Temos que ouvir os chamados de Francisco. "Para manter vivo o ardor missionário é necessária uma confiança forte no Espírito Santo, porque Ele 'vem em auxílio da nossa fraqueza'" (Rm 8,26). "Não há liberdade maior do que se deixar levar pelo Espírito, desistir de calcular e controlar tudo e permitir que Ele nos ilumine, guie, oriente e impulsione para onde quiser. Ele sabe bem o que é necessário em todas as épocas e em todos os momentos" (EG 280).

b) Confiança no Espírito

Em uma situação complexa é comum que nos falte coragem tanto para aceitar as novas exigências do Evangelho quanto para anunciá-lo em um mundo que oferece forte resistência. No entanto, os Atos dos Apóstolos apresentam precisamente a *parrésia*; isto é, a coragem, a ousadia para a tarefa evangélica como um dos primeiros frutos do Espírito em sua Igreja (At 2,29; 4,13.29.31; 9,27-28; 13,46; 14,3; 18,26; 19,8; 28,30-31). "Todos ficaram cheios do Espírito Santo e anunciavam corajosamente a Palavra de Deus" (At 4,31).

Nas últimas décadas, "parece ter-se espalhado na Igreja uma avaliação pessimista da história, repleta de maniqueísmo, uma rejeição ao convite do Concílio às Igrejas para que retomem uma atitude peregrina e missionária, como se isso implicasse um abandono da tradição e, finalmente, um ressurgimento da eclesiologia "fechada" do período pós-tridentino em favor de uma Igreja protegida como uma fortaleza, zelosa de sua força e provida de condenações"[77].

---

77. ALBERIGO, G. "La condición cristiana después del Concilio". In: ALBERIGO, G. & JOSSUA, J.P. (eds.). *La recepción del Vaticano II*. Madri: Cristiandad, 1974, p. 42.

Diante de uma situação percebida assim por alguns setores importantes da Igreja, a ousadia para a missão evangelizadora só pode ser despertada por meio da confiança no Espírito de Deus, que hoje atua no mundo não apenas dentro da Igreja, mas também fora de seus limites. Muitos parecem perceber a tarefa missionária como excessiva e desproporcional às suas forças. A tentação de Moisés se estende: "Não acreditarão em mim..." "Eu não sei falar..." "Eles não escutarão a minha voz..." (Ex 4). É hora de lembrar que não é exigido de nós um esforço que vá além de nossas possibilidades. O Espírito de Deus já atua na Igreja, e também nessa cultura incrédula e indiferente, antes mesmo de começarmos a organizar nossa ação evangelizadora. O que se espera de nós é que apoiemos sua ação, promovamos a conversão que nos torne portadores mais credíveis do Amor de Deus para todos os seus filhos e participemos da ação salvadora que o Espírito de Deus está realizando na história.

Sem dúvida, o chamado do Papa Francisco para "promover uma nova etapa evangelizadora marcada pela alegria do Evangelho" é fruto do Espírito (EG 1). Ao ouvi-lo e reconhecer sua merecida importância, não devemos esquecer o espírito do Concílio Vaticano II tal como se manifesta em textos como estes: "O povo de Deus, movido pela fé, é levado a acreditar que quem o conduz é o Espírito do Senhor, que preenche o universo, procura discernir, nos acontecimentos, nas exigências e nos desejos dos quais participa juntamente com seus contemporâneos, os verdadeiros sinais da presença ou dos planos de Deus"[78].

"É característico de todo o povo de Deus, mas principalmente dos pastores e dos teólogos, ouvir, discernir e interpretar, com a ajuda do Espírito, as múltiplas vozes do nosso tempo e avaliá-las à luz

78. *Constitución sobre la Iglesia en el mundo actual* 11.

da palavra divina, a fim de que a verdade revelada possa ser mais bem-entendida e expressada de maneira mais adequada"[79].

c) Ousadia para a missão

Essa confiança na ação do Espírito deve moldar nosso estilo de entender e viver a missão com mais ousadia nos dias de hoje: sem olhar com nostalgia para o passado nem permanecer imóveis no presente; caminhando com fé em direção a um futuro da Igreja que é desconhecido por nós, que não pode ser previsto nem planejado com precisão, mas que está sendo criado pelo Espírito de Deus; sem confundir evangelização com a obsessão por pequenas novidades e falta de sensibilidade à tradição; sem nos fecharmos para novas urgências e tarefas, ocupados apenas em preservar zelosamente o "depósito da fé", sempre atentos aos chamados do Espírito, presentes na mesma crise da Igreja atual. Esse Espírito que nos mantém em íntima e secreta continuidade com o melhor do passado da Igreja, mas que também nos abre para novas tarefas que nem sempre são dedutíveis à primeira vista.

O importante é promover em nossas paróquias e comunidades uma atitude espiritual que nos leve a assumir compromissos concretos na tarefa da missão, tais como aceitar o risco do fracasso sem renunciar à nossa responsabilidade, não deixar para amanhã o que podemos fazer hoje; ter coragem para definir prioridades reais, mesmo que isso exija que escolhamos entre várias possibilidades, pois é difícil ouvir as urgências da missão quando se pretende satisfazer a todos e a tudo; ter ousadia para renunciar a tarefas e atividades que a Igreja pode ter realizado em outros tempos, mas que não evangelizam mais o homem de hoje...

---

79. Ibid., 44.

Também não devemos esquecer que a missão não é realizada sem uma cruz. O Evangelho sempre encontra resistência no mundo e na própria Igreja. Portanto, comprometermo-nos com a tarefa de evangelização pode nos levar a sofrer rejeições, resistências, falhas e decepções dentro e fora da Igreja. O Espírito de Jesus nos lembrará que a evangelização é quase sempre realizada por meio da fraqueza e da escassez de meios, não por meio da força ou de estratégias de poder. O Apóstolo Paulo se referiu às suas perseguições, tribulações, feridas e cicatrizes para provar seu apostolado (2Cor 6–7). Talvez hoje não devêssemos nos surpreender com os conflitos, mas com a falta de conflitividade entre a Igreja e uma sociedade que é considerada tão pouco cristã. Quando os evangelizadores anunciam Jesus Cristo com verdadeiro espírito evangélico, mais cedo ou mais tarde encontram alguma crucifixão.

d) Uma Igreja aberta

Karl Rahner nos alertou sobre o perigo que pode haver, hoje em dia, em confundir o "pequeno rebanho" com o gueto[80]. Na sociedade atual, começamos a nos tornar um pequeno rebanho e, sem dúvida, seremos ainda menos no futuro. Mas "quanto menor for o rebanho de Cristo diante do pluralismo da sociedade atual, menos esse poderá se dar ao luxo de ter uma mentalidade de gueto e de seita e mais aberto deverá ser"[81].

Essa mentalidade de gueto cresce entre nós quando nos prendemos a um tradicionalismo confortável ou a uma ortodoxia puramente verbal e estéril, quando olhamos com medo tudo o que vem

---

80. RAHNER, K. Cambio estructural de la Iglesia. Op. cit., esp. p. 37-43 e 114-124.
81. Ibid., p. 38.

da cultura moderna, quando nos interessa apenas o futuro da Igreja e não da sociedade, quando nos preocupa mais a disciplina que coloca ordem do que o Evangelho que desperta a esperança. De fato, o Espírito atrai uma atitude de amor, de imensa simpatia por todo ser humano, de diálogo sincero, de busca por um futuro melhor para todos, sem nos colocarmos secretamente à margem ou acima daqueles que não pertencem à Igreja.

Há também outro fato que merece uma atenção maior. Hoje em dia não é tão simples traçar fronteiras precisas para saber quem pertence à Igreja e quem não. Vivemos em uma Igreja cujos limites não são fáceis de definir com exatidão. Bastantes pessoas batizadas abandonaram as práticas religiosas, mas continuam acreditando em "algo", sem que seja fácil determinar a distância que há entre a "fé oficial" da Igreja e o que elas acreditam em seu coração. Antes de mais nada, "devemos lutar contra esse sentimento generalizado de que qualquer um é um membro determinado da Igreja, com todas as obrigações inerentes a ela, ou que adota necessariamente uma postura completamente hostil ou indiferente diante dela"[82]. Em tempos de mudanças socioculturais tão profundas e complexas, não é estranho que existam pessoas que não se identifiquem totalmente com a Igreja, mas que mantenham um interesse real por Deus, pela pessoa e pela mensagem de Jesus.

Sem dúvida, é legítimo estabelecer limites que lembrem aos fiéis o conteúdo de sua fé em Jesus Cristo. No entanto, essa não é a melhor maneira de promover a missão impulsionada pelo Espírito. Não ajudamos as pessoas a se aproximarem de Deus dando a elas apenas duas opções: aceitar obrigatoriamente certa ortodoxia ou deixar a Igreja e se considerar separadas dela. O mais importante

82. Ibid., p. 92.

não é marcar fronteiras para saber exatamente quem sai da Igreja e quem volta para ela, mas construir pontes que ajudem as pessoas a se abrirem para o mistério de Deus. Se a Igreja, como diz Karl Rahner, é "o sacramento da salvação para um mundo que, de fato, na maioria das vezes, é salvo pela graça de Deus em todas as instituições eclesiais"[83], nossa primeira preocupação deve ser dar nosso testemunho de que a graça e o amor de Deus são oferecidos a todos os seres humanos, até mesmo àqueles que não pretendem entrar na Igreja institucional.

5 Obediência à criatividade do Espírito na comunhão

Para promover a evangelização, o Espírito confere à Igreja uma grande variedade de dons, serviços e tarefas, mas não de maneira sectária ou desintegradora, mas por meio do impulso de um único Espírito, em obediência a Jesus, seu único Mestre e Senhor, para realizar a única tarefa que lhe foi confiada. A teologia paulina, tantas vezes lembrada, é clara: "Há diferentes tipos de dons, mas o Espírito é o mesmo. Há diferentes tipos de ministérios, mas o Senhor é o mesmo. Há diferentes formas de atuação, mas é o mesmo Deus quem efetua tudo em todos" (1Cor 12,4-6).

a) O Espírito, criador da comunhão e fonte da pluralidade

O Espírito é o princípio da comunhão na Igreja. Por isso, estimula a criatividade e lhe confere vários dons e tarefas, dando a tudo e a todos seu vigor e coesão para o crescimento de um só corpo, o de Cristo: "Pois em um só corpo todos nós fomos batizados em um único Espírito [...] e a todos nós foi dado beber de um único Espírito"

83. Ibid., p. 78.

(1Cor 12,13). Portanto, o Espírito cria e fundamenta, em primeiro lugar, a comunhão eclesial, a família de irmãos e seguidores de Jesus, a comunidade do Espírito. Por isso, o Espírito nunca leva à criatividade desagregando sua Igreja, não promove o desenvolvimento dos diversos dons desfazendo a comunhão.

No entanto, essa comunhão criada pelo Espírito não se traduz em igualdade ou uniformidade. O Espírito criador de Deus é uma fonte de variedade e criatividade incessantes. Cria a comunhão abrindo espaço para os vários dons e conferindo a variedade necessária de atividades e serviços para a missão. Por isso, não devemos esquecer que não apenas a comunhão, mas também essa criatividade do Espírito, para a qual alguns possuem o dom que outros não possuem e cooperam com o próprio carisma para a tarefa evangelizadora, são constitutivas da Igreja.

A tarefa permanente da Igreja, ainda mais em tempos de crises e incertezas, será "fazer todo o esforço para conservar a unidade do Espírito pelo vínculo da paz" (Ef 4,3) e, ao mesmo tempo, aceitar sem medo que "a manifestação do Espírito é dada a cada um, para o que for útil" (1Cor 12,7). Quando a comunhão ou a pluralidade parecem mais ameaçadas, é quando a fidelidade ao Espírito deve ser mais buscada, porque somente nele e por Ele a comunhão e a diversidade podem se unir sem destruir uma à outra.

Essa fidelidade ao Espírito não poderá suprimir todos os conflitos, mas poderá eliminar ou reduzir o que impede a comunhão ou a criatividade: dominação de uns sobre outros, agressão mútua, asfixia da liberdade, ataques feitos sem amor, discórdia destrutiva...

b) Buscar a comunhão do Espírito na diversidade

Sabe-se que, no relato sobre a origem da Igreja que consta em At 2,1-11, o fato de as pessoas ouvirem os discípulos de Jesus "proclamar as maravilhas de Deus", "cada um na sua língua", apesar de ser oriundos de povos diferentes, representa a "comunhão na diversidade" diante de Babel, símbolo de "confusão e dispersão". Mas nem sempre se nota que essa desagregação é corrigida, de acordo com o relato de Lucas, não por meio da lei, mas pela irrupção do Espírito: a comunhão na diversidade não é alcançada por meio da imposição da autoridade, mas pela ação do Espírito. Algo que a hierarquia nunca deveria esquecer.

A comunhão na Igreja é carismática, e não jurídica; é realizada pelo Espírito, e não pela autoridade; não é possível criá-la apenas por meio de medidas institucionais, porque é fruto do Espírito, presente em toda a Igreja. Isso não significa negar a necessidade da institucionalidade e, especificamente, do ministério de direção, para que a Igreja não se desintegre. É importante notar que até mesmo o ministério de presidir a Igreja é um serviço a essa comunhão radical e fundante que o Espírito cria e promove, e só pode ser exercido corretamente como uma manifestação do Espírito e em obediência a Ele.

Por outro lado, devemos lembrar que a verdadeira comunhão é construída na Igreja, acolhendo fielmente a atuação do Espírito por meio dos vários carismas e ministérios. Isso tem suas exigências específicas.

Agir de forma permanente e quase inconsciente, ignorando qualquer atuação do magistério ou da hierarquia, sempre desconfiando de alguma infidelidade ao Evangelho em suas intervenções ou de alguma incompreensão da cultura atual e atribuindo, pelo contrário, um valor quase absoluto à nossa própria posição ou a de certo grupo não é o caminho para criar comunhão a partir do Espírito. Seria paradoxal ouvir a todos, exceto aqueles que, dentro da comunidade, recebem o dom do Espírito precisamente para servir à comunhão da Igreja em fidelidade a Cristo.

Por outro lado, a hierarquia não pode agir à margem do resto da comunidade ou ignorando os outros carismas. Portadores do carisma ministerial também são pecadores e falíveis, e sua leitura do Evangelho pode ser condicionada por muitos fatores e interesses. Eles também devem estar atentos à ação do Espírito nas diversas comunidades e nos diferentes carismas. Seu maior perigo consiste em pretender monopolizar o Espírito, que pertence a toda a Igreja, exercendo um controle indevido e limitando a contribuição carismática dos demais. No entanto, como diz São Paulo, "o olho não pode dizer à mão: 'não tenho necessidade de ti'. Nem ainda a cabeça aos pés: 'não tenho necessidade de vós'" (1Cor 12,21). O Espírito comunica seus dons de tal maneira que cada um precisa do outro, e ninguém pode pensar que tem tudo ou que está acima dos outros. Como observa E. Schweizer, o Espírito "funda a comunhão porque liberta os homens de se considerarem o centro e a norma"[84].

Nessa busca pela comunhão, o olho não deve ser identificado com a mão, nem a cabeça com os pés. O carisma e o serviço de cada um na comunidade devem ser reconhecidos e respeitados. Nem sempre será fácil ou será realizado sem conflitos ou tensões. Mas um diálogo paciente, mesmo que nem sempre ofereça possibilidades de sucesso, é a atitude mais fiel ao Espírito que podemos ter nessa relação Igreja-comunhão, antes que ignorarmos uns aos outros ou nos rejeitarmos abertamente.

c) Espiritualidade criadora de comunhão

Talvez o maior obstáculo a uma verdadeira comunhão seja um fenômeno facilmente verificado entre nós e que K. Rahner chamou de "Igreja da polarização"[85].

---

84. SCHWEIZER, E. *El Espíritu Santo*. Op. cit., p. 153.
85. RAHNER, K. *Cambio estructural de la Iglesia*. Op. cit., p. 48-53.

Nos dias de hoje, convivemos com posições, correntes teológicas e tendências espirituais diferentes, mas também, ao longo desses últimos anos, tem sido imposta uma maneira de viver a fé que não favorece a comunhão, mas a polarização em vários grupos. Muitos fiéis, religiosos, sacerdotes, teólogos tendem a viver, orar, celebrar e trabalhar baseados em certa sensibilidade, enquanto são considerados suspeitos ou "menos cristãos" por outros que fazem o mesmo em outro grupo que segue tendências diferentes. Cada um se move nos círculos com os quais se sente identificado; cada um parece obrigado a se pronunciar a favor de seu grupo em todas e cada uma das questões; cada grupo, cada revista, cada publicação é facilmente considerada ou descartada em bloco, dependendo da sua origem; e a comunicação mútua quase não existe. Esse "excesso de polarizações" constitui hoje um dos mais graves obstáculos à comunhão e ao impulso da nova etapa evangelizadora para a qual o Papa Francisco nos chama.

A fidelidade ao Espírito deve nos levar por outros caminhos. Ninguém pode se colocar acima ou à margem da Igreja para, a partir de sua suposta autenticidade, julgar os outros. Cada um de nós deve criticar e purificar mais nossas próprias posições e se esforçar para entender as de outros grupos e setores, sem negar a eles a boa vontade ou o espírito cristão; ninguém deve absolutizar sua própria posição só porque se sente intérprete autêntico da ortodoxia ou porque se considera um defensor fiel dos pobres. Todos nós devemos dar o testemunho da nossa própria vida, em vez de proferir as "grandes palavras"; confessar nossos pecados, capazes de desvirtuar ou deturpar nosso seguimento a Jesus; reconhecer a natureza relativa de muitas discrepâncias, que dependem apenas de determinada mentalidade; não condenar os outros apenas porque nos incomodam ou nos irritam; aprender a "suportar uns aos outros com amor" (Ef 4,2);

promover uma comunicação maior e mais transparente, eliminando receios, suspeitas e desconfianças. E tudo isso não apenas como uma atitude própria de toda a convivência razoável baseada na tolerância e no respeito mútuos, mas como uma exigência do amor que constrói a comunhão eclesial e é o primeiro fruto do Espírito (Gl 5,22).

Temos que dizer mais uma coisa. Em casos de conflito, devemos ouvir e seguir o chamado do Espírito ao diálogo para discernir o que pode ser mais fiel ao Evangelho e a Jesus Cristo. É difícil entender por que bispos e teólogos vivem praticamente sem nenhum contato entre si, mesmo que todos afirmem que anunciam as boas-novas de Jesus Cristo ao mundo. Não estou falando de debate, mas de diálogo. No debate, buscam-se diferenças e confrontação entre posições opostas, e cada parte tenta derrotar a outra. No diálogo, pelo contrário, pratica-se a escuta ativa e busca-se desenvolver e aprofundar a compreensão mútua. Por que ninguém se preocupa em promover um diálogo fraterno entre bispos e teólogos para anunciar melhor as boas-novas de Jesus Cristo?[86]

d) Sem medo da novidade do Espírito

"Onde está o Espírito do Senhor, aí há liberdade" (2Cor 3,17). O Espírito é a força que nos mantém fiéis àquela "liberdade pela qual Cristo nos libertou" (Gl 5,1). Em minha opinião, devemos cuidar mais da fidelidade ao Espírito para não termos medo do novo.

O Espírito "torna todas as coisas novas". Dizemos e acreditamos, mas nem sempre é fácil caminhar em direção às novas tarefas que o Espírito pode confiar a uma igreja peregrina, chamada por Cristo a "uma reforma constante, que ela, como instituição humana,

86. ARREGUI, X.R. "El diálogo". In: *Sal Terrae*, 1213, jul.-ago./2016, p. 613-624.

precisa permanentemente"[87]. Na Igreja, sempre deve haver renovação, pois o Espírito a impele a responder com fidelidade ao seu Senhor, enquanto peregrina ao longo de uma história em constante mudança. O Papa Paulo VI disse que a palavra "novidade", que o Concílio repetiu, foi-nos dada como uma ordem, como um programa e, ainda mais, como uma esperança"[88]. O que aconteceu nos últimos anos? Os abusos cometidos são uma razão para abandonar o caminho empreendido? O que nos move agora: o instinto de conservação ou o Espírito vivificante do Cristo ressuscitado?

Surpreende a insistência do Papa Francisco de que é necessário nos libertarmos dos medos que possam impedir o impulso de qualquer renovação. Na Festa de Pentecostes (19 de maio de 2013), ele disse: "A novidade sempre nos provoca um pouco de medo, porque nos sentimos mais seguros quando temos tudo sob controle, se somos nós que construímos, programamos e planejamos nossa vida de acordo com nossos esquemas, convicção e gostos. Temos medo de que Deus nos leve por novos caminhos que nos tirem de nossos horizontes, frequentemente limitados, fechados e egoístas, para nos abrirmos aos dele". Então, o papa se fez estas perguntas dirigidas a todos: "Estamos abertos às surpresas de Deus ou estamos fechados com medo da novidade do Espírito Santo?" "Estamos determinados a percorrer os novos caminhos que a novidade de Deus nos apresenta ou ficamos entrincheirados em estruturas obsoletas que perderam a capacidade de dar respostas?"

Mais tarde, na exortação "A Alegria do Evangelho", Francisco nos falou novamente sobre o medo: "Às vezes, o medo nos paralisa

---

87. *Decreto sobre el ecumenismo* 6.
88. PAULO VI. Audiência de 2 de julho de 1969, apud CODINA, V. *Creo en el Espíritu Santo*. Op. cit., p. 158.

demais. Se permitirmos que as dúvidas e os medos reprimam nossa ousadia, é possível que, em vez de sermos criadores, simplesmente nos acomodemos e não promovamos nenhum progresso; nesse caso, não seremos participantes de processos históricos com nossa cooperação, mas simplesmente espectadores de uma estagnação infecunda da Igreja" (EG 129).

e) A resistência à ação renovadora do Papa Francisco

Aos poucos, correntes de resistência à vontade de renovação do Papa Francisco estão tomando forma na Igreja. Não pertencem às bases da Igreja, mas aos mais altos níveis da hierarquia (o prefeito da Congregação para a Doutrina da Fé, G. L. Müller; os cardeais R.L. Burke, M. Ouellet, R. Sarah, G. Pellet, entre outros, apoiados por bispos da Itália, Espanha, Polônia e outras nacionalidades). O convite do papa para nos aproximarmos da família e abordarmos a moral sexual por meio da misericórdia provocou diversas reações de resistência e interpretações tendenciosas que distorcem o pensamento de Francisco em sua encíclica "A Alegria do Amor". Alguns continuam pensando que são minorias rigorosas que desaparecerão, mas Andrea Riccardi, promotor da prestigiosa Comunidade de São Egídio, em Roma, acredita que, nos últimos cem anos, nenhum papa sofreu tanta resistência quanto Francisco por parte das estruturas eclesiais e dos episcopados.

O papa não parece assustado nem surpreso com o que está acontecendo. Ao falar do "mundanismo espiritual" em sua exortação "A Alegria do Evangelho", ele os descreve com características certeiras: "No fundo, são aqueles que confiam apenas em suas próprias forças e se sentem superiores aos outros por cumprirem determinadas normas ou por serem fiéis inabaláveis a certo estilo católico típico do passado. Trata-se de uma suposta segurança doutrinária ou disciplinar que dá origem a um elitismo narcisista e autoritário que, em vez de evangelizar, o que se faz é analisar e classificar os outros e, em vez de facilitar o acesso à graça, gasta-se energia em controlar" (EG 94).

Segundo o papa, são setores que têm a pretensão de "dominar o espaço da Igreja". Portanto, falam do "cuidado ostensivo da liturgia, da doutrina e do prestígio da Igreja, mas sem se preocupar com que o Evangelho tenha uma inserção real no povo fiel a Deus e nas necessidades concretas da história. Dessa forma, a vida da Igreja se torna uma peça de museu ou uma posse de poucos" (EG 95). Francisco ressalta que "quem caiu nessa mundanidade olha de cima e de longe, rejeita a profecia dos irmãos, desqualifica quem o questiona, destaca constantemente os erros dos outros e tem obsessão pelas aparências" (EG 97). O papa conclui afirmando que esse modo de agir constitui "uma tremenda corrupção com a aparência do bem. Isso deve ser evitado colocando a Igreja em movimento para que saia de si mesma, por meio de uma missão centrada em Jesus Cristo e de entrega aos pobres" (EG 97).

6 Ungidos pelo Espírito de Jesus para evangelizar os pobres

Finalmente, não porque seja menos importante, mas porque concretiza e dá verdadeiro significado e direção a tudo o que dissemos sobre a obediência a Jesus, nosso único Mestre e Senhor, devemos lembrar que o Espírito, assim como Jesus, impulsiona sua Igreja a anunciar as boas-novas de Deus aos pobres. Ou a Igreja é dos pobres ou deixa de ser a Igreja ungida pelo Espírito de Cristo.

a) O Espírito envia a sua Igreja aos pobres

O anúncio das boas-novas aos pobres é essencial para o ser e a missão de Jesus. É isso que Lucas lembra na cena de Cafarnaum: "O Espírito do Senhor está sobre mim porque Ele me ungiu. Ele me enviou para proclamar as boas-novas aos pobres" (Lc 4,18). O Espírito está em Jesus, que o envia aos pobres. Ele o unge para restaurar o Reino de Deus e sua justiça no mundo, para libertar os oprimidos, para eliminar a desigualdade que desumaniza os mais fracos e esquecidos. É assim que o próprio Jesus interpreta sua ação libertadora: "Mas, se eu expulso os demônios pelo Espírito de Deus, logo é chegado a vós o Reino de Deus" (Mt 12,28).

Esse Espírito, "Pai dos pobres", continua encorajando sua Igreja. Ele a constitui como "Igreja pobre e dos pobres", como o Papa Francisco repete tantas vezes. Eles devem ser os primeiros destinatários da missão, o sinal por excelência e a prova de que somos guiados pelo Espírito de Cristo[89]. Quando os desígnios de Deus são esquecidos pela comunidade eclesial, e o seguimento de Jesus Cristo é abalado, o grito do Espírito sempre volta a interpelar sua Igreja, a partir do clamor dos pobres e dos crucificados da terra, para que recupere a verdade e o dinamismo perdidos o quanto antes.

Essa interpelação desmascara nossas seguranças, coloca a verdade em nossas comunidades, questiona nossa maneira de entender e celebrar a fé, relativiza nossos discursos teológicos... Em suma, lança uma nova luz sobre a situação atual da Igreja. Se não há um anúncio efetivo e eficaz das boas-novas aos pobres, o que estamos

---

89. ELLACURÍA, I. "Pobres". In: *Conceptos Fundamentales de Pastoral.* Op. cit., p. 786-802. • GUTIÉRREZ, G. "Los pobres en la Iglesia". In: *Concilium*, 124, 1977, p. 103-109. • *Misión Abierta*, 74 (4-5), 1981, n. esp. dedicado à "Teología y pobreza".

anunciando? Se não há solidariedade, defesa e luta pelos mais fracos, como fica o nosso impulso para promover uma "nova etapa evangelizadora marcada pela alegria de Jesus"?

b) A opção pelos pobres, sinal e prova da missão

O Concílio Vaticano II viu claramente que, se a Igreja deseja caminhar impulsionada pelo Espírito, deve seguir o caminho da pobreza e do serviço aos pobres: "Assim como Cristo realizou sua obra de redenção na pobreza e na perseguição, a Igreja está destinada a seguir o mesmo caminho [...]. Cristo foi enviado pelo Pai para evangelizar os pobres e libertar os oprimidos (Lc 4,18) e para buscar e salvar o que foi perdido (Lc 19,10). E a Igreja também abraça com amor todos os que são afligidos pela fraqueza humana; além disso, reconhece nos pobres e naqueles que sofrem a imagem de seu Fundador; pobre e paciente, esforça-se para remediar suas necessidades e procura servir a Cristo por meio deles"[90]. Apontaremos algumas consequências.

Existem muitas discrepâncias ao procurar o verdadeiro lugar social para ouvir os chamados do Espírito, ler os sinais dos tempos e promover a tarefa evangelizadora. O Espírito nos envia para os pobres. Eles são o critério fundamental de discernimento e o quadro de referência. Só podemos anunciar o Evangelho impulsionados pelo Espírito por meio dos excluídos da "sociedade dual" e da solidariedade com os mais fracos e necessitados. Francisco nos lembra que devemos recuperar o lugar social que esquecemos: "Vão para as periferias existenciais", "o Reino de Deus nos exige", "não quero uma Igreja preocupada em ser o centro e que termine enclausurada em um emaranhado de obsessões e procedimentos" (EG 49).

---

90. *Constitución sobre la Iglesia* 8.

O modelo de ação evangelizadora também é discutido. Não devemos esquecer que o Espírito sempre cria comunhão com aqueles que sofrem, desperta profecias em defesa dos pobres e sempre coloca a Igreja a serviço dos maltratados pela vida ou desumanizados pelos homens[91]. Nenhuma comunhão, nenhuma teologia, nenhum modelo pastoral são igualmente fiéis ao Espírito. A comunhão do Espírito constitui uma comunhão com aqueles que sofrem; a teologia é vã se não leva a Boa-nova aos pobres; a evangelização não é completa se não denuncia a injustiça e a opressão que geram miséria; a pastoral perde seu conteúdo evangélico se esquece seu compromisso com os fracos e oprimidos.

Finalmente, a comunhão com os pobres colocará a Igreja do futuro entre os pobres. Não é possível anunciar as Boas-novas de Deus aos pobres e, ao mesmo tempo, ignorar as exigências do Reino de Deus e sua justiça. Conheceremos a verdadeira pobreza como o preço e as consequências da nossa verdadeira comunhão com os pobres e a firme defesa de sua dignidade. É assim que encontraremos a verdadeira cruz de Cristo, o "conflito salvador" que pode libertar a Igreja do perigo de ser transformada de acordo com os poderes deste mundo, o martírio que pode nos afastar da indiferença e das fáceis "acomodações de direitas ou de esquerdas" da nossa vida cristã.

Quero terminar com algumas palavras do Concílio Vaticano II: "A Igreja não é impulsionada por nenhuma ambição terrena. Ela só deseja uma coisa: continuar, sob a orientação do Espírito, a obra de Cristo, que veio ao mundo para dar testemunho da verdade, para salvar e não para julgar, para servir e não para ser servido"[92]. Que nunca apaguemos esse Espírito em nossas paróquias e

91. CODINA, V. *Espiritualidad del compromiso con los pobres*. Bogotá: CLAR, 1988.
92. *Constitución sobre la Iglesia en el mundo actual* 3.

comunidades cristãs. "Quem tem ouvidos ouça o que o Espírito diz às Igrejas" (Ap 2,7).

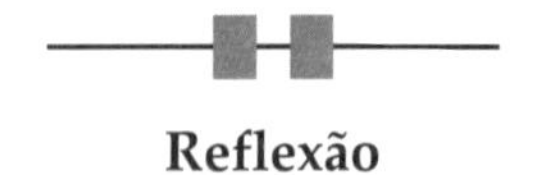

Reflexão

1) Estamos cientes do erro que cometemos quando pretendemos substituir, com nosso trabalho, nossa organização e nossos esforços, o que só pode nascer da força do Espírito acolhido de maneira atenta e dócil?

2) Estamos cientes das sérias consequências de esquecer o Espírito do Ressuscitado em nossas comunidades? Descobrimos entre nós alguns dos sintomas negativos apontados neste capítulo?

3) Em que momentos e situações sentimos mais necessidade de contar com a ação do Espírito? Podemos apontar experiências concretas em nossa comunidade (desânimo, medo de renovação, conflitos, divisões)?

4) Em nossa paróquia, existem focos de resistência à renovação da Igreja promovida pelo Papa Francisco? Como agir diante de possíveis divisões?

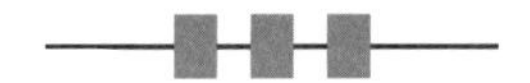

7
Esperar nossa ressurreição

O Padre A. Sertillanges afirmou que "a tentação natural dos homens é representar a felicidade do céu à imagem do que os satisfaz aqui embaixo"[93]. No entanto, hoje os teólogos contemporâneos evitam muito descrever o céu com representações ingênuas. O próprio São Paulo adverte que ninguém pode conhecer agora a "novidade" definitiva que nos espera. E este versículo deixa muito claro: "as coisas que o olho não viu, e o ouvido não ouviu, e não subiram ao coração do homem são as que Deus preparou para os que o amam" (1Cor 2,9).

Então vamos nos limitar a imaginar o céu como a contemplação de um Deus abstrato que parece ter pouco a ver com nossas alegrias e tristezas diárias? Vamos reduzir o céu a essa vida indiferenciada, monótona e chata na qual pensavam os ouvintes de Santo Agostinho, assustados com a ideia de passar toda a eternidade cantando "amém" e "aleluia"? Deveríamos, talvez, silenciar nossos corações e permanecer em silêncio antes do nosso último destino, como se fosse uma realidade enigmática, totalmente impenetrável?

As palavras de São Paulo não são apenas uma advertência. São também uma promessa e uma orientação. É verdade que o céu su-

93. SERTILLANGES, A. *Les fins humaines*. Montreal: De l'Arbre, 1959, p. 99.

pera todas as nossas experiências terrenas, mas, ao mesmo tempo, é algo que "é preparado" por Deus para o pleno cumprimento das nossas aspirações. O céu não pode ser descrito, mas pode ser evocado. Por um lado, o céu é uma novidade indescritível, acima e além de qualquer experiência terrena, e nela reside o "poder de fascínio" para o cristão. Mas, por outro lado, é o desfecho pleno desta vida terrena.

E é exatamente isso que justifica e permite articular uma linguagem evocativa e esperançosa, baseada em nossas experiências terrenas, carentes de salvação, mesmo sabendo que nossas palavras sempre serão "tentativas aproximadas em direção a essa vida eterna misteriosa, mas definitivamente possível"[94], pela promessa de salvação que Deus nos faz em Jesus Cristo.

Como diz L. Boros, "o céu é uma realidade que supera totalmente nossas forças, mas, ao mesmo tempo, é uma realidade que é impossível não desejarmos"[95]. Se falamos sobre ele, não é para satisfazer a nossa curiosidade sobre nossa vida eterna em Deus, mas para tentar compreender melhor o significado final da nossa existência atual e alimentar nossa esperança, experimentando desde já aquilo que, por enquanto, é apenas aspiração, desejo, expectativa, possibilidade, utopia e esperança[96].

---

94. RUIZ DE LA PEÑA, J.L. "El elemento de proyección y la fe en el cielo". In: *Concilium*, 1979, p. 376.
95. BOROS, L. *À nous l'avenir* – Méditations sur l'espérance. Tournai: Desclée, 1971, p. 13.
96. Geralmente Jesus e o Novo Testamento evocam a vida eterna em Deus a partir das realidades humanas de cada dia: um banquete, um casamento, uma colheita abundante, redes cheias de peixes, pastagens verdes, fonte de água viva, pão da vida, lágrimas enxugadas para sempre, desaparecimento de gritos e fadigas, uma nova cidade, novos céus e nova terra... Cf. NOCKE, J. *Escatología*. Barcelona: Herder, 1984, p. 174-184. • RUIZ DE LA PEÑA, J.L. *La otra dimensión* – Escatología cristiana. Santander: Sal Terrae, 1975, p. 241-243.

O caminho que seguiremos neste capítulo será o seguinte: Começaremos lembrando que o Cristo ressuscitado é "nosso céu", porque somente ressuscitando com Cristo entramos para sempre no eterno mistério de Deus. Em seguida, evocaremos, de maneira simples, a comunhão amorosa com Deus, na qual encontraremos a plenitude do nosso ser. Depois, mostraremos que essa plenitude cobrirá todas as dimensões do nosso ser, incluindo a corporalidade. A seguir, mostraremos como a comunhão amorosa com Deus se tornará uma fonte de amor pleno e feliz entre todos os seus filhos. Posteriormente, lembraremos que viveremos tudo isso em "novos céus e uma nova terra na qual a justiça habitará". Concluiremos insistindo na importância de aprender a questionar nesta terra a nossa felicidade eterna no céu.

1 Cristo é o nosso céu

Antes de mais nada, devemos dizer que Cristo é o nosso céu, pois ele é o único lugar de encontro entre o homem e Deus. "Porque nele habita corporalmente toda a plenitude da divindade" (Cl 2,9). Somente nele os seres humanos podem entrar em comunhão com o mistério incompreensível de Deus. Somente "corressuscitando" com Cristo chegamos à vida de Deus. Quem me vê, vê o Pai (Jo 14,9). O céu foi aberto e constituído com a ressurreição do Senhor. O céu não é um lugar, um mundo diferente. É precisamente esse mundo que alcança sua consumação no Cristo ressuscitado.

Frequentemente, a teologia esquece que "Jesus não se fez homem apenas nesse passado de importância decisiva para nossa salvação, [...] mas agora e por toda a eternidade [...] a abertura permanente da nossa finitude ao Deus vivo da vida eterna e infinita [...].

Na eternidade, só é possível contemplar o Pai por meio do Filho"[97]. Hoje temos que recuperar a fé dos primeiros fiéis. Para nós, a vida eterna consistirá em "ser com Cristo". Assim, São Paulo entende o céu: "Estaremos sempre com o Senhor" (1Ts 4,17); "Preferimos deixar este corpo para viver com o Senhor" (2Cor 5,8); "Desejo partir e estar com Cristo" (Fl 1,23). E esta também é a afirmação do Evangelho de João: "Pai, aqueles que me deste quero que, onde eu estiver, também eles estejam comigo" (Jo 17,24); "E, quando eu for, e vos preparar lugar, virei outra vez, e vos levarei para mim mesmo, para que onde eu estiver estejais vós também" (Jo 14,3).

Essa afirmação central da nossa esperança tem consequências imediatas. A vida cristã consiste em abraçar a Cristo, em viver animado por seu Espírito, em crescer com Ele. Esta é a nossa esperança: quem vive em Cristo já tem em si mesmo o germe da vida eterna (Jo 3,36; 5,24; 6,47-54).

Portanto, ser cristão é muito mais do que "acumular méritos" para entrar no céu um dia. A partir de agora, somos portadores da vida eterna. A vida incompreensível do Ressuscitado que um dia nos transformará já habita em nós. Nossa vida, hoje escondida em Cristo, um dia se manifestará. "Vossa vida está oculta com Cristo em Deus. Quando Cristo, que é a nossa vida, manifestar-se, então também vós vos manifestareis com Ele em glória" (Cl 3,3-4). Um dia, tudo será transfigurado e consumado no Cristo ressuscitado. E será esse Jesus, amado e seguido dia a dia por nós, entre hesitações e tristezas, que nos levará, glorioso, para o abraço eterno com o Pai.

---

97. RAHNER, K. "Eterna significación de la humanidad de Jesús para nuestra relación con Dios". In: *Escritos de teología III*. Madri: Taurus, 1961, p. 56-57. Cf. ALFARO, J. "Cristo glorioso, revelador del Padre". In: *Cristología y antropología*. Madri: Cristiandad, 1973, p. 141-182.

2 A comunhão com Deus

Em Cristo ressuscitado, finalmente conheceremos a união indestrutível e definitiva com Deus. O último mistério da realidade, esse Deus fonte de tudo o que vive, não será mais algo inacessível e oculto. Finalmente estará "lá". Sua intimidade será revelada. Seu mistério, manifestado. Já não estará longe, "fora" do mundo, já não será um "segredo" para nós. Deus se tornará nosso espaço vital. Será "tudo em todos" (1Cor 15,28). O mundo incompreensível de Deus nos presenteará com criaturas insignificantes e fracas. A verdadeira vida começará para nós. Tudo será alegria e adoração.

Os primeiros fiéis falam da visão de Deus. "Amados, agora somos filhos de Deus, e ainda não se manifestou o que havemos de ser, mas sabemos que, quando Ele se manifestar, seremos semelhantes a Ele, pois o veremos como Ele é" (1Jo 3,2). "Agora, pois, vemos apenas um reflexo obscuro, como em espelho; mas, então, veremos face a face. Agora conheço em parte; então, conhecerei plenamente, da mesma forma como sou plenamente conhecido" (1Cor 13,12).

Deus se manifestará plenamente em seu próprio ser, em sua verdade, em sua bondade e beleza infinitas. Mas seria um erro enfatizar exclusivamente o elemento cognitivo-intelectual dessa visão, como a teologia ocidental costuma fazer. Na cultura semita, ver o rei em seu palácio não é uma atividade intelectual, mas uma experiência privilegiada que só é concedida àqueles que gozam de sua amizade, sentam-se à sua mesa e podem compartilhar de sua vida de perto.

É por isso que São Paulo fala de um encontro íntimo "face a face", de uma compenetração mútua e de uma troca vital em que "saberei como sou conhecido". E João, como vimos, diz-nos que se trata de uma visão que gera semelhança com Deus e nos faz participar de sua vida divina ("seremos semelhantes a Ele, porque o veremos como Ele é"). Não devemos falar da visão de Deus como se fosse apenas um conhecimento intelectual. Pelo contrário, a visão deve evocar em nós o encontro de amor incompreensível, no qual Deus se entrega à criatura no que constitui seu ser mais íntimo, e a criatura abandona a Deus em uma entrega total de si mesma.

O céu consiste essencialmente nessa comunhão amorosa, na qual o ser humano desfruta da infinita misericórdia do Pai, é conduzido à vida eterna junto ao Filho e compartilha para sempre do amor divino que é o Espírito Santo. Nessa comunhão incompreensível com a Trindade, o ser humano encontra a plenitude de sua vida, sua libertação e descanso total, a consumação de toda a felicidade esperada, ansiada ou vislumbrada. A criatura "entra para sempre na alegria do seu Senhor".

Não seria apropriado apresentar essa vida eterna como um descanso passivo, imóvel, inerte. Pelo contrário, devemos evocá-la como dinamismo e crescimento infinitos. Não devemos esquecer que a plenitude infinita de Deus nunca pode ser exaurida pela criatura. Nosso ser finito nunca pode coincidir totalmente com o ser infinito de Deus. Seu mistério é sempre maior do que nós e permanece inesgotável e inatingível agora e assim permanecerá por toda a eternidade.

Ladislaus Boros sugere essa estrutura dinâmica do céu nos falando de uma vida eterna em que "cada plenitude será, ao mesmo tempo, o novo começo de uma plenitude ainda maior"[98], "uma renovação incessante em meio a uma plenitude completa"[99], "uma ple-

---

98. BOROS, L. "Le nouveau ciel et la nouvelle terre". In: *Le Christ devant nous* – Études sur l'eschatologie chrétienne. Tournai: Desclée, 1961, p. 25.
99. BOROS, L. *Esistenza redenta* – Meditazioni teologiche. Bréscia: Queriniana, 1965, p. 131.

nitude que 'expandirá constantemente' nossa capacidade de acolher o ser de Deus". Expressões paradoxais daqueles que, ainda peregrinos naquela terra, tentam evocar a plenitude do nosso ser em Deus, sem cair, por isso, na saciedade, no tédio ou na crise existencial.

3 Nossa plena realização

Essa união imediata com Deus no céu significa nossa plena realização como criaturas. Finalmente livres do egocentrismo e transformados em pura rendição a Deus, tornamo-nos "nós mesmos". Nessa comunhão amorosa com Deus, encontramos a plena expansão do nosso ser e a consumação da nossa vocação mais profunda, como criaturas nascidas do amor e destinadas ao amor.

Somente nessa união com Deus encontraremos nossa verdadeira identidade, sem mutilações, vazios ou alienações. Essa plenitude de vida capaz de preencher todas as dimensões do ser humano e que os hebreus resumiram no termo *shalom* (paz).

Apesar de certas ideias bastante difundidas no "subconsciente cristão", não devemos entender essa plenitude de maneira imaterial e etérea. Não é apenas a alma que alcança sua plena realização em Deus, mas todo o ser humano, incluindo sua corporalidade. A fé cristã exclui qualquer visão da vida eterna que menospreze o corpo como algo sem futuro. Acreditamos na ressurreição da nossa condição corporal. Como Romano Guardini diz, "só o cristianismo ousa colocar um corpo de homem no coração de Deus"[100]. É inútil tentar representar qual será a condição concreta desse nosso corpo no

100. Apud VARILLON, F. *Joie de croire, joie de vivre*. Paris: Le Centurion, 1981, p. 186.

céu. "Não somos encorajados a acreditar na ressurreição do corpo de acordo com um modelo que pertence ao reino da morte, mas sim que tanto a morte do corpo quanto a morte do espírito foram vencidas em Cristo"[101].

Nossa esperança é a mesma de Paulo: "Mas a nossa cidade está nos céus, de onde também esperamos o Salvador, o Senhor Jesus Cristo, que transformará o nosso corpo abatido, para ser conforme o seu corpo glorioso, segundo o seu eficaz poder de sujeitar também a si todas as coisas" (Fl 3,20-21). Paulo não se atreve a nos dizer mais nada específico sobre o nosso corpo ressuscitado, limita-se a se expressar em uma linguagem de contraste com a nossa situação atual: "Assim será com a ressurreição dos mortos. O corpo que é semeado é perecível e ressuscita imperecível; é semeado em desonra e ressuscita em glória; é semeado em fraqueza e ressuscita em poder; é semeado um corpo natural e ressuscita um corpo espiritual. Se há corpo natural, há também corpo espiritual" (1Cor 15,42-44).

Nosso corpo, ressuscitado pela força divina de Cristo e configurado com seu "corpo glorioso", será uma expressão perfeita do nosso ser consumado em Deus. Esse corpo limitado e fraco que recebemos dos nossos pais será gerado de maneira sempre nova e incessante pelo Espírito criador do Ressuscitado. Nosso corpo glorificado não será mais uma barreira para Deus, para o mundo e para os outros, mas um "lugar" de união e amor para todos. Um corpo que nos permitirá uma presença brilhante, acolhedora e transparente para os outros e para todo o universo.

Já nada será inatingível. As barreiras do espaço e do tempo cairão. Nosso corpo será libertado para sempre de tudo o que seja

---

101. Padre N. Wagget, apud RAMSEY, A.M. *La resurrección de Cristo*. Bilbao: Mensajero, 1975, p. 155-156.

morte, sofrimento, medo, impotência ou angústia. Esse estranho pedido que fazemos na Festa de Pentecostes ao Espírito Santo será finalmente realizado: *Accende lumen sensibus*. A luz e a própria vida de Deus despertarão todos os nossos sentidos. E, então, como os místicos intuem, toda a vida, o universo e o próprio Deus poderão ser vistos, ouvidos, tocados e apreciados por nós[102].

4 O céu serão os outros

Seria um erro entender a união amorosa com Deus como um amor egoísta, que se fecha em si mesmo. A comunhão com Deus não exclui os outros; pelo contrário, torna-se precisamente o princípio e a fonte da comunhão com os demais. O amor, que tem sua origem e se alimenta de Deus, só pode irradiar-se, espalhar-se e expandir-se para aqueles que formam o glorioso Corpo de Cristo. A comunhão eterna com Deus não destrói; pelo contrário, fundamenta, vivifica e enche de plenitude nosso relacionamento amoroso com todos.

Transformados pelo amor de Deus, cada um de nós se tornará "céu" para aqueles que amamos. Unidos pelo mesmo amor que brota de Deus, nosso abraço mútuo se transformará em uma fonte de felicidade eterna para os outros. L. Boros sugere essa indescritível experiência eterna da seguinte forma: "Sentiremos o calor, o esplendor, a vitalidade, a riqueza infinitos das pessoas que amamos,

---

102. É significativa uma oração centrada em todo o corpo e na qual Santo Tomás de Aquino formulou sua experiência do céu: *Da etiam corpori meo, largisime Remunerator, claritatis pulchritudinem, agilitatis promptitudinem, subtilitatis aptitudinem, impassibilitatis fortitudinem* (generosíssimo remunerador, conceda a meu corpo a beleza da clareza, a prontidão da agilidade, a capacidade da sutileza e a força da impassibilidade), citado e comentado em BOROS, L. *Sobre la oración cristiana*. Salamanca: Sígueme, 1980, p. 140-146.

com quem convivemos e pelas quais agradecemos a Deus. Todo o seu ser, a profundidade da sua alma, a grandeza do seu coração, a criatividade, a amplitude, o êxtase da sua reação amorosa, tudo isso nos será presenteado".

Então nos conheceremos pela primeira vez, porque hoje, mesmo aqueles que se conhecem melhor e se amam são sempre um profundo mistério um para o outro[103]. Somente no céu nos comunicaremos plenamente, em perfeita comunhão e intimidade. Não haverá mais a tortura do tempo que passa, o encontro amoroso que termina ou a festa que se acaba. Não haverá mais a dor do espaço que nos separa ou a despedida que nos entristece.

> Agora, não podemos estar juntos de todos os que amamos. Para estar com alguns, precisamos estar ausentes de outros, e há muitos outros que nem sequer conhecemos, mas que também poderíamos amar. Mas no céu estaremos todos juntos e desfrutaremos da companhia de todos; daqueles que agora conhecemos e amamos confusamente e de todos aqueles que não amamos porque não conhecemos. Desfrutaremos da intimidade de toda a humanidade, e com total intensidade amar-se-ão aqueles que já se amavam entre as contingências do espaço e do tempo e que já desfrutavam de alguma intimidade[104].

Nada nos impede de pensar, como Santo Tomás de Aquino, que o amor eterno do céu deve nos unir de maneira singular àquelas pessoas a quem o amor, a solidariedade ou a ternura nos uniu de

---

103. BOROS, L. *Esistenza redenta*. Op. cit., p. 136-137. Para toda essa evocação sigo as páginas sugestivas de CARDENAL, E. *Vida en el amor*. Salamanca: Sígueme, 1984, p. 141-144.
104. Ibid., p. 143.

maneira especial na terra. Deus buscará no fundo de cada um de nós o lugar no qual possamos ser mais capazes de sentir a felicidade, que é, sem dúvida, o lugar onde estão gravados os nomes das pessoas que mais amamos. Então, como diz César Vallejo, "serão dados os beijos que você não pôde dar".

5 "Novos céus e nova terra"

A terra não é apenas o lugar onde o ser humano desenvolve sua vida atual. O cosmos pertence à nossa própria constituição e está, de alguma forma, resumido em nós. A consumação e a transfiguração do ser humano parecem exigir a transfiguração e a consumação do cosmos como um lugar de expansão da sua nova condição.

A Primeira Epístola de Pedro nos fala de "novos céus e nova terra em que habitará a justiça" (3,13). O Apocalipse, por sua vez, sugere um novo mundo, criado por Deus e iluminado por Cristo ressuscitado: "E a cidade não necessita de sol nem de lua para que nela resplandeçam, porque a glória de Deus a tem iluminado, e o Cordeiro é a sua lâmpada" (21,23). Toda a criação será inundada e permeada pela própria vida de Deus. O cosmos alcançará transparência e beleza definitivas ao ser elevado a um estado de harmonia e comunhão plenas com o Criador. "Deus será tudo em todos" (1Cor 15,28).

Uma vez que a Terra for aniquilada, esse mundo "novo" não será outro mundo que substituirá este. O mundo em que vivemos hoje nao é uma "plataforma" que será eliminada após ter servido ao outro mundo. Não. Esta terra transfigurada será precisamente o nosso céu. Na verdade, nós, cristãos, não devemos falar do outro mundo e da outra vida, mas deste mundo e desta nossa vida que tanto amamos e que, transfigurados no Cristo ressuscitado, serão nosso céu para sempre.

Todo este "mundo" que carregamos conosco e nos constitui se tornará para nós um espaço de vida eterna. Tudo o que aflora em nós em decorrência de nossas experiências e tudo o que há de mais profundo em nós e que busca sua plenitude alcançarão sua consumação. Tudo de bom, bonito e justo que desejamos e pelo qual lutamos, o que ficou por fazer, o que não poderia ser, tudo isso alcançará à sua plena realização. Então entenderemos que não perdemos nada do que vivemos com amor ou nada a que renunciamos por amor.

As horas alegres e prazenteiras e as experiências amargas, as lutas duras para humanizar a terra, as vitórias e as derrotas, as "pegadas" que deixamos nas pessoas e nas coisas, o que construímos com muito esforço e tristeza, tudo isso será transfigurado no Cristo ressuscitado. O novo mundo estará aberto à criatividade dos novos homens. Tudo será diferente. E Deus limpará de seus olhos toda a lágrima; e não haverá mais morte, nem pranto, nem clamor, nem dor, porque já as primeiras coisas são passadas" (Ap 21,4).

Nada do que fazemos será mais um trabalho árduo e difícil, mas poder criativo, arte, jogo, dança. "Um trabalhar que será descansar e um descansar que será trabalhar"[105]. Uma criatividade que não surgirá da necessidade, mas da plenitude, do amor infinito, da alegria de expressar e comunicar a riqueza da vida eterna.

6 Olhar para o céu

Nós, cristãos, fomos acusados muitas vezes, e com razão, de vivermos atentos demais ao céu futuro e pouco comprometidos com a terra presente. De muitas maneiras, ouvimos a pergunta da

105. RUIZ DE LA PEÑA, J.L. *La otra dimensión.* Op. cit., p. 265.

ascensão: "Homens galileus, por que estais olhando para o céu?" (At 1,11).

Hoje, muitos cristãos deixaram de olhar para o céu. E as consequências disso podem ser graves. Esquecer o céu não nos leva a nos preocuparmos pela terra com mais responsabilidade. Ignorar ao Deus que nos espera e nos acompanha em direção ao objetivo final não confere maior eficácia à nossa ação social e política. Nunca lembrar a felicidade para a qual somos chamados não aumenta nossa força para nosso compromisso diário. Pelo contrário, obcecados apenas pela conquista imediata do bem-estar, atraídos por pequenas e variadas esperanças, podemos encurtar e empobrecer o horizonte da nossa vida, fazendo com que percamos o desejo pelo infinito. Precisamos que alguém nos grite: "Cristãos de hoje, o que fazem na terra sem nunca olhar para o céu?"

a) Proximidade do céu

Atualmente, não podemos experimentar o céu porque ainda não "vivemos" a realidade definitiva do nosso ser. Não vemos, nem tocamos, nem provamos o essencial. Mas não por isso esse céu deve se perder entre a bruma do infinitamente distante. O céu é algo que já foi aberto pela ressurreição de Cristo dentro do nosso próprio ser. Quer saibamos ou não, já estamos sendo trabalhados pela força do Ressuscitado, que nos conduz ao nosso destino final de felicidade.

Com a ressurreição do Senhor, algo definitivo aconteceu no âmago da realidade. O mundo é dirigido interiormente para o céu. Nossa vida está a caminho da felicidade eterna. Temos "uma porta aberta que ninguém pode fechar" diante de nós (Ap 3,8). Nada pode nos separar do amor que Deus tem por nós em Cristo. Somente nós podemos fazer isso, negando a nós mesmos, rejeitando o amor misericordioso do Pai e fechando a porta que já está aberta.

b) Pressentir o céu

Precisamente porque estamos caminhando em direção ao céu e porque a nossa felicidade eterna está sendo gerada agora em nós, para o fiel, o céu não é uma conclusão abstrata que deduz das promessas de Cristo, mas uma convicção vital que já pode se apresentar, de alguma maneira, dentro de sua experiência terrena. Frequentemente, os cristãos "projetam" o céu a partir de suas frustrações e ressentimentos neste "vale de lágrimas". No entanto, são os momentos de verdadeira felicidade, de alegria pura, de amor transparente e intenso que nos permitem pressentir e ouvir melhor, no fundo do nosso ser, o destino final ao qual somos chamados e atraídos por Deus.

A primeira e mais importante experiência para o verdadeiro fiel é, sem dúvida, a oração, pois, ao orar, abre-se para esse Deus a que aspira do fundo do seu coração. Esses momentos de graça em que podemos "desfrutar" da presença amigável, íntima e silenciosa do Deus vivo em nós. Momentos de comunhão prazenteira, de clareza pacificadora, de entrega confiante e humilde que fazem parte dos segredos mais preciosos de cada um e nos quais pressentimos que todos os desejos do nosso coração um dia serão realizados em Deus. Nessa oração, recebemos, sob o véu da fé, a presença amorosa de Deus, que constitui o núcleo do céu. É por isso que São João da Cruz pode dizer que "esta notícia sombria e amorosa que é a fé serve nesta vida para a união divina assim como a luz da glória serve na outra como um meio para a clara visão de Deus"[106].

Outra experiência privilegiada é o amor ou a amizade. Aqueles momentos em que realmente conseguirmos abandonar nossa so-

---

106. *Subida al Monte Carmelo*, livro II, cap. 24,4.

lidão egoísta e vibrar movidos pelo amor generoso ou a amizade pura. Então concluímos que somos feitos para o amor e que não podemos encontrar em nós mesmos a expansão do nosso ser. "No amor mais imperfeito, mesmo no amor culpado, uma vez que ainda é amor, repousa uma confissão da nossa impotência diante da nossa vida cotidiana, uma primeira tomada de consciência da impossibilidade de sermos felizes e de colocar em jogo o melhor de nós mesmos se não for em comunhão com outro"[107].

Quando dois seres se compenetram e se recebem alegremente como um presente mútuo, descobrem de alguma maneira o desejo de plenitude eterna dentro deles. É por isso que L. Boros afirma que "o céu é a dinâmica interna de toda amizade, pois em toda amizade já se percebe o céu, talvez um fraco reflexo dele, porém verdadeiro"[108]. Mas o amigo a quem entregamos nosso ser não é a plenitude. É por isso que a amizade é acompanhada por tristeza, decepção e melancolia. É então que descobrimos que nosso coração bate em direção a Outro. "Agora sabemos que Deus significa a verdadeira plenitude, o único e ao mesmo tempo definitivo: nós o sentimos precisamente nesse esforço desesperado de amizade no plano terreno. Sabemos que Ele existe precisamente na amizade. Em sua limitação terrena, em nossas ilegitimidades, dispersão e insatisfação, experimentamos como nosso coração descontente bate em direção ao Outro"[109].

É impossível descrever aqui outras experiências que possam despertar em nós o pressentimento do céu: a harmonia e a paz do

---

107. LEFEBVRE, G. "Par les chemins du ciel". In: *La Vie Spirituelle*, 1962, p. 635.
108. BOROS, L. *Encontrar a Dios en el hombre*. Salamanca, Sígueme, 1971, p. 88. Cf. sua maravilhosa meditação sobre a amizade, p. 81-95.
109. Ibid., p. 92.

coração, a festa vibrante, a solidariedade no esforço, o desfrute da beleza, a criação artística... Em toda experiência prazenteira, o ser humano pode descobrir esse dinamismo silencioso que nos chama e nos atrai para o céu. Essa "desproporção" de que Pascal fala, que consiste em que nós, seres finitos, já estamos sendo trabalhados pelo Infinito[110].

7 O céu começa na terra

Provavelmente, muitos em nossa sociedade concordariam com aquelas palavras apaixonadas de F. Nietzsche: "Eu vos conjuro, meus irmãos, ficai fiéis à terra e não crede naqueles que vos falam de esperanças supraterrestres. Consciente ou inconscientemente, são envenenadores [...]. A terra está cansada deles; deixai-os ir imediatamente!"

Mas o que é ser fiel a esta terra que clama por plenitude e reconciliação total? O que é ser fiel ao homem e a toda sede de felicidade que existe em seu ser? A esperança cristã consiste, precisamente, em buscar e aguardar a realização total desta terra. Buscar o céu é querer ser fiel a esta terra até o fim, sem se frustrar nem desapontar com nenhum desejo ou aspiração verdadeiramente humanos.

Precisamente porque acreditamos e esperamos um mundo novo e definitivo, nós, fiéis, não podemos tolerar ou nos conformarmos com este mundo como é hoje, cheio de ódio, lágrimas, injustiça, fome, mentira e violência. Quem não faz nada para mudar este mundo não acredita em um mundo melhor. Quem não luta contra a injustiça não quer "novos céus e uma nova terra onde habite a

110. PASCAL, B. *Pensamientos*, 199. Madri: Alianza, 1981, p. 76-81.

justiça" (1Pd 3,13). Quem não trabalha para libertar o ser humano do sofrimento não acredita em um mundo novo e feliz. Quem não faz nada para mudar e transformar esta terra não acredita no céu.

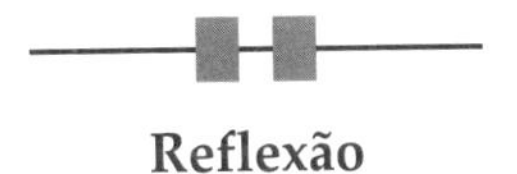

Reflexão

1) O que os fiéis pensam quando, em sua paróquia ou comunidade cristã, falam sobre "céu" ou "vida eterna"? Não é necessário fazer um esforço maior para reavivar e renovar a esperança na vida eterna?

2) O conteúdo deste capítulo pode servir para enriquecer as homilias e as monições na celebração de funerais?

3) Nas nossas paróquias, nós nos preocupamos em acompanhar as pessoas que perderam um ente querido (pais de filhos mortos em acidentes, pessoas que perderam seus cônjuges...) oferecendo a esperança cristã?

4) Seria possível promover nas nossas comunidades a possibilidade de vivenciar o céu nas experiências positivas e alegres da nossa vida?

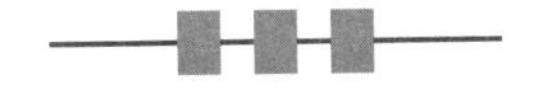

Índice